Leichte Sommerküche

Leichte Sommerküche

CLAUDIA SEIFERT | SABINE HANS

AT VERLAG

© 2010
AT Verlag, Aarau und München
Rezepte und Foodstyling: Claudia Seifert | www.claudiaseifert.de
Fotos: Sabine Hans | www.sabinehans.de
Gestaltung und Satz: Sibyll Amthor | www.einfachschoen-design.de
Lithos: Vogt-Schild Druck, Derendingen
Druck und Bindearbeiten: Firmengruppe APPL, aprinta druck, Wemding
Printed in Germany

ISBN 978-3-03800-507-0

www.at-verlag.ch

INHALTSVERZEICHNIS

Summertime
8 **Ein Wort vorweg**

Frisch gepflückt
13 **Suppen und Salate**

Mit Blättern und Blüten
33 **Kleine Vorspeisen**

Zarte Stängel
48 **Kräuter und Gemüse**

Lecker und nachhaltig
68 **Fischgerichte**

Gegrillt und gebraten
85 **Raffiniertes Fleisch**

Gaumenschmeichler
106 **Süßspeisen**

Hitzefrei
118 **Eiskaltes**

Duftendes Backwerk
140 **Tartes, Kuchen und Gebäck**

Wann wächst was?
154 **Saisonkalender**

158 **Verzeichnis der Rezepte**

Summertime

EIN WORT VORWEG

Der Sommer bietet uns eine Fülle von Zutaten aus Feld, Wald und Wiese. Wildkräuter und Blumen sprießen überall. Beeren, Kirschen und Rhabarber wachsen im Garten, Aprikosen und Melonen sind auf dem Markt erhältlich.

Dieses Buch bietet Ihnen eine Auswahl von Rezepten mit all diesen frischen Zutaten. Die Rezepte wurden so entwickelt, dass sie im Alltag leicht und schnell nachzukochen sind. Es sind eigentlich einfache Gerichte, die durch ungewöhnliche Kombinationen eine raffinierte Note bekommen und sich dadurch auch für besondere Anlässe anbieten. Warum nicht einmal Mozzarella mit Pfirsich und Basilikum kombinieren? Oder Rumpsteak mit Heidelbeeren? Oder überraschen Sie Ihre Gäste mit einem herzhaften gegrillten Fleisch oder Fisch kombiniert mit süßen Früchten.

Den Sommer mit der Kamera festzuhalten und Motive für die Bilder dieses Buches zu suchen, machte uns Appetit auf alles Essbare, was uns so zahlreich und bunt vor die Linse kam. Kräuter und Blüten recken sich in Richtung Sonne und duften zum Himmel, Bienen summen, Halme wiegen sich im Wind. Auf Feldern, Wiesen, in Gartenbeeten und am Meer fanden sich Motive intensivster Farben und hochsommerlich flirrender Stimmungen, die im Buch die Rezepte optisch begleiten.

Auf vielen bunten Blumenwiesen haben wir zahlreiche essbare Blüten entdeckt, deren Bilder Sie nun gleich neben den entsprechenden Rezepten finden, wie z.B. beim Mozzarella mit Ringelblumenblüten und -blättern auf Seite 42 oder dem Römersalat mit Kapuzinerkresseblüten, Schafskäse, Heidelbeeren und Aprikosen auf Seite 26.

Vielleicht entdecken Sie diese Blüten bei Ihrem nächsten Spaziergang ebenfalls ganz in Ihrer Nähe und lassen sich dazu verführen, sie zu sammeln und in Ihrer täglichen Küche zu verwenden. Um Wildkräuter zu bestimmen, brauchen Sie keine spezielle Ausbildung. Mit unseren Abbildungen der wichtigsten Kräuter werden Sie in der freien Natur ohne Mühe Schafgarbe, Spitzwegerich und Katzenminze für Ihre Suppen, Salate und Marinaden finden.

Die Rezeptfotos sind alle im Freien entstanden und haben so einen ganz eigenen Charme. Vielleicht inspiriert es Sie, selbst mit Zutaten und Dekorationen zu experimentieren und Ihren Essplatz noch häufiger ins Freie zu verlegen.

Dass die Gerichte wirklich ohne Umstände gelingen, haben wir direkt am Aufnahmeort durch die Umsetzung mit einer äußerst einfachen Kücheneinrichtung selbst getestet. Auf der Suche nach schönen Aufnahmeorten für die Rezeptbilder haben wir nämlich mit einem kleinen Wohnwagen die dänische Ostseeküste bereist. Für das Kochen standen dabei nur zwei Gasflammen, ein kleiner Backofen und ein Grill zur Verfügung.

Wichtig war uns, regionale und saisonale Gemüse und Früchte zu verwenden, gern in Bioqualität oder wenn möglich sogar aus dem eigenen Garten. Der Saisonkalender auf Seite 154 ff. zeigt Ihnen, welche Früchte, Gemüse, Salate, Wildkräuter und Blumen in den Monaten Juni, Juli und August wachsen.

Fisch passt besonders gut zur leichten Sommerküche. Dabei wurden ausschließlich Fischarten ausgewählt, deren Verzehr ökologisch vertretbar ist, das heißt deren Bestände nicht bedroht sind und die mit schonenden, nachhaltigen Fangmethoden ohne hohe Beifangraten gefischt werden. So ist etwa die Verwendung von pazifischem Lachs vertretbar, atlantischer Lachs jedoch nicht. (Einen Fischratgeber mit detaillierten Informationen finden Sie unter www.greenpeace.de/themen/meere/fischerei.)

Unser Buch soll Lust machen, den Sommer möglichst oft draußen zu verbringen. Zu keiner anderen Zeit ist das Zusammenspiel von Natur, Genuss und Ernährung so eng wie im Sommer.

Wir freuen uns, wenn Sie das Zusammenspiel der Bilder und Rezepte in diesem Buch genauso verführerisch finden wie wir, und wünschen Ihnen gutes Gelingen mit unserer leichten Sommerküche.

Claudia Seifert und Sabine Hans

Alle Rezepte sind für 4 Personen berechnet.

frisch gepflückt
SUPPEN UND SALATE

Getrüffelter Kartoffelsalat mit Löwenzahn

600 g kleine fest kochende Kartoffeln
200 g Löwenzahnsalat
3–4 EL Trüffelöl
2 Knoblauchzehen, gehackt
1 TL Feigensenf
3 EL Sherryessig
30 g Parmesan, fein gerieben
Salz | weißer Pfeffer
1 kleine Sommertrüffel

Zubereitungszeit: 30 Minuten (ohne Abkühlzeit)

1. Die Kartoffeln in der Schale 15 Minuten kochen.

2. Den Löwenzahn lauwarm waschen und grob zerkleinern. Mit Trüffelöl, Knoblauch, Senf, Essig und Parmesan zu einem Dressing verrühren. Mit Salz und Pfeffer würzen.

3. Die Kartoffeln schälen, halbieren und noch warm mit dem Dressing vermischen. Erkalten lassen.

4. Die Sommertrüffel mit einem Trüffelhobel oder einer sehr feinen Reibe über den Salat reiben.

Dazu passen gebratene Tomaten und ein leichter Sommerwein.

‹ Sauerampfersalat mit Erdbeeren und Ricottabällchen

Ricottabällchen
150 g Ricotta
100 g gemischte Wiesenkräuter
(Minze, Vogelmiere, Schafgarbe, Giersch usw.),
Blätter abgezupft und fein gehackt
100 g gemahlene Mandeln
1 Knoblauchzehe, fein gehackt
1 Msp. frisch geriebene Muskatnuss
Salz | bunter Pfeffer aus der Mühle
30 g Mandelblättchen

400 g Sauerampfer,
ersatzweise junge Spinatblätter
8 Minzeblüten oder andere essbare Blüten
200 g Erdbeeren, geputzt, halbiert
3 EL Olivenöl
1 EL Wiesenblütenhonig
3 EL Balsamico-Creme

Zubereitungszeit: 35 Minuten

1. Ricotta, Wiesenkräuter, gemahlene Mandeln, Knoblauch, Muskatnuss, Salz und Pfeffer verrühren. Mit feuchten Händen zu Kugeln formen und in den Mandelblättchen rollen, so dass die Mandelblättchen haften bleiben.

2. Den Sauerampfer und die Minzeblüten waschen und abtropfen lassen. Beides zusammen mit den Erdbeeren und den Ricottabällchen auf einer Platte anrichten. Olivenöl, Honig, Salz, Pfeffer und Balsamico-Creme verrühren und das Dressing auf dem Salat verteilen.

‹ Karotten-Minze-Salat
mit Schafskäse und Falafel

Falafel
1 Dose (425 g) Kichererbsen, abgetropft
2 Knoblauchzehen, grob gehackt
1 Bund glatte Petersilie, grob gehackt
2 TL gemahlener Kreuzkümmel (Cumin)
1 TL gemahlener Koriander
1 TL Currypulver
Salz | Pfeffer aus der Mühle
150 ml Gemüsebrühe
30 g Sesam

600 g Karotten, geschält, längs halbiert
8 EL Öl
2 Zwiebeln, fein gewürfelt
2 EL Sesamöl
3 EL Zitronensaft
1 EL Honig
3 Zweige Minze, fein gehackt
1 Msp. frisch geriebene Muskatnuss
100 g Schafskäse

Zubereitungszeit: 45 Minuten

1. Die Kichererbsen mit Knoblauch, Petersilie, 1 TL Kreuzkümmel, Koriander, Curry, Salz, Pfeffer und Gemüsebrühe mit dem Pürierstab oder im Mixer fein pürieren. Die Masse kalt stellen.

2. Die Karotten in kochendem Salzwasser 5 Minuten garen, dann abgießen und abtropfen lassen.

3. 2 EL Öl in einer Pfanne erhitzen, die Zwiebeln mit 1 Teelöffel Kreuzkümmel darin anbraten. Die Karotten hinzufügen. Mit Sesamöl, Zitronensaft und Honig vermischen. Mit Salz, Pfeffer, Minze und Muskatnuss würzen. Den Schafskäse zerbröseln und daruntermischen.

4. 6 EL Öl in einer beschichteten Pfanne erhitzen. Die Kichererbsenmasse zu 12 kleinen Bällchen formen und in Sesam wenden. Von jeder Seite 4–6 Minuten braten. Mit dem Karottensalat servieren.

Pulpo-Zitronen-Salat mit Wildkräuterpesto

Eingelegte Zitronen
5 unbehandelte Zitronen
2 EL Meersalz
50 g Zucker
50 ml Weißweinessig
30 ml Olivenöl

Wildkräuterpesto
80 g gemischte Wildkräuter
(z.B. Spitzwegerich, Giersch, Sauerampfer)
10 EL Olivenöl
1 EL Pinienkerne
80 g Parmesan, gerieben
2 Knoblauchzehen, gehackt
Meersalz

1 Pulpo (etwa 850 g), gewaschen
1 Bund Petersilie, fein gehackt
Pfeffer aus der Mühle

**Zubereitungszeit: 90 Minuten
(Marinierzeit der Zitronen: 10 Stunden)**

1. Die Zitronen halbieren und in hauchdünne Scheiben schneiden. In Salzwasser etwa 5 Minuten köcheln lassen, dann abgießen und abtropfen lassen. Mit Meersalz, Zucker, Essig und Olivenöl in ein Glas füllen und mindestens 10 Stunden gekühlt durchziehen lassen. Dabei mehrmals schütteln.

2. Alle Zutaten zum Pesto fein pürieren.

3. Den Pulpo in 500 ml Wasser zugedeckt 50 Minuten bei milder Hitze garen.

4. Den Pulpo aus dem Sud heben und abkühlen lassen, dann in dünne Scheiben schneiden. Die Zitronenscheiben aus der Marinade nehmen, gut abwaschen und mit dem Pulpo vermischen. Pesto und Petersilie hinzufügen und mit Pfeffer abschmecken.

Dazu passt ein frisches Baguette.

Kalte Tomatensuppe mit Mozzarella, Basilikum und Zitrone

Löwenzahn-Champignon-Salat mit Balsamico-Creme

<< Kalte Tomatensuppe mit Mozzarella, Basilikum und Zitrone

1 kg Tomaten, grob gewürfelt
1 unbehandelte Zitrone,
abgeriebene Schale und Saft
2 Knoblauchzehen, gehackt
3 EL Olivenöl
1 kleine Chilischote,
entkernt, in Ringe geschnitten
Meersalz | schwarzer Pfeffer aus der Mühle
100 g kleine Mozzarellakugeln
4 Zweige Basilikum, in Streifen geschnitten

**Zubereitungszeit: 30 Minuten
(ohne Kühlzeit)**

1. Die Tomaten mit der Hälfte der Zitronenschale und des -safts, Knoblauch, 2 EL Olivenöl, Chili, Salz und Pfeffer mit dem Pürierstab oder im Mixer fein pürieren. Mindestens 45 Minuten im Tiefkühler durchkühlen.

2. Die Mozzarellakugeln halbieren und mit 1 EL Olivenöl, Basilikum, der zweiten Hälfte Zitronenschale und -saft, Meersalz sowie Pfeffer vermischen und marinieren lassen, während die Suppe durchkühlt. Die marinierten Mozzarellakugeln auf der eisgekühlten Suppe verteilen.

< Löwenzahn-Champignon-Salat mit Balsamico-Creme

200 g Löwenzahn
oder Löwenzahn und Rucola gemischt
250 g Champignons, geputzt, fein gehobelt
40 g Parmesan, fein gehobelt
2 EL Olivenöl
1 Knoblauchzehe, gepresst
2 EL Limettensaft
1 EL Honig
3–4 EL Balsamico-Creme

Zubereitungszeit: 20 Minuten

1. Löwenzahn und, falls verwendet, Rucola in mundgerechte Stücke zupfen und in lauwarmem Wasser waschen; dadurch werden die Bitterstoffe ausgeschwemmt. Gut abtropfen lassen.

2. Den Salat mit Champignons und Parmesan mischen. Öl, Knoblauch, Limettensaft und Honig verrühren und über dem Salat verteilen. Die Balsamico-Creme darüberträufeln.

Römersalat mit Kapuzinerkresseblüten, Schafskäse, Heidelbeeren und Aprikosen

150 ml Vollmilchjoghurt
1 EL Lavendelhonig
1 Knoblauchzehe, gepresst
Salz | weißer Pfeffer aus der Mühle
2 EL Olivenöl
2 EL Weißweinessig
150 g Schafskäse
1 Römersalat, gewaschen,
mundgerecht zerkleinert
300 g Aprikosen,
entsteint, in dünne Scheiben geschnitten
100 g Heidelbeeren, gewaschen
12 Kapuzinerkresseblüten, gewaschen

Zubereitungszeit: 30 Minuten

1. Für die Salatsauce Joghurt, Honig, Knoblauch, Salz, Pfeffer, Öl und Essig gut verrühren.

2. Den Schafskäse zerbröckeln. Den Salat mit Aprikosen, Heidelbeeren, Schafskäse und Dressing vermischen. Die Kapuzinerkresseblüten darüberstreuen.

Dazu passt ein Fladenbrot.

Bunter Tomaten-Ingwer-Brotsalat

300 g Baguette vom Vortag, grob gewürfelt
2 Knoblauchzehen, gehackt
7 EL Olivenöl
30 g frische Ingwerwurzel, geschält, fein gerieben
2 EL Agavendicksaft (Reformhaus oder Bioladen), ersatzweise Honig
3 EL Limettensaft
3 EL dunkler Balsamicoessig
Meersalz | Pfeffer aus der Mühle
1 kg verschiedenfarbige Kirschtomaten, gewaschen, halbiert
4 Zweige Basilikum, fein gehackt

Zubereitungszeit: 30 Minuten

1. Die Brotwürfel mit dem Knoblauch und 4 EL Olivenöl mischen und im Backofen bei 220 Grad (Umluft 200 Grad) 3–5 Minuten rösten.

2. Für das Dressing 3 EL Olivenöl mit Ingwer, Agavendicksaft, Limettensaft und Balsamicoessig verrühren. Mit Salz und Pfeffer würzen.

3. Brotwürfel, Tomaten, Basilikum und das Dressing vermischen.

Rote-Bete-Gazpacho mit Gurke >

1 Bund junge Rote Beten mit Blättern (500 g)
250 g Gurke, geschält, fein gewürfelt
2 Knoblauchzehen, grob gehackt
3 EL Kürbiskernöl
350 ml Gemüsebrühe, kalt
3–4 EL Weißweinessig
1 TL Honig
Salz | Pfeffer aus der Mühle

Zubereitungszeit: 25 Minuten

1. Die Blätter der Beten abzupfen, waschen und abtropfen lassen, dann in feine Streifen schneiden. Die Rote Beten in einem Topf mit Wasser bedeckt bei mittlerer Hitze zugedeckt 20 Minuten kochen. Abgießen und abkühlen lassen, dann schälen.

2. Die Hälfte der Gurkenwürfel, Rote Bete, Knoblauch, Kürbiskernöl, Gemüsebrühe, Essig, Honig und die Hälfte der Rote-Bete-Blätter in einem hohen Gefäß mit dem Pürierstab oder im Mixer fein pürieren. Mit Salz und Pfeffer abschmecken. Mindestens 30 Minuten in den Tiefkühler stellen.

3. Die Gazpacho mit den restlichen Gurkenwürfeln und Rote-Bete-Blättern bestreut servieren. Nach Belieben noch mit etwas Kürbiskernöl beträufeln.

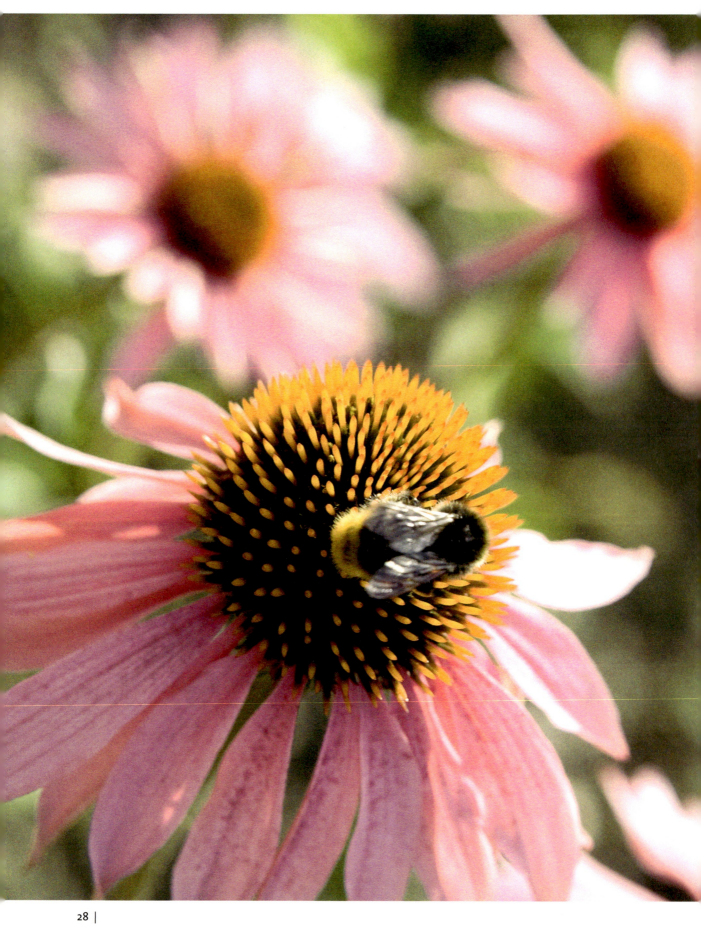

Rote-Bete-Gazpacho mit Gurke

Wassermelonen-Gurken-Salat mit geeistem Ziegenkäse und Minzeblüten

Wassermelonen-Gurken-Salat mit geeistem Ziegenkäse und Minzeblüten

Geeister Ziegenkäse
100 g Ziegenfrischkäse
2 EL Ahornsirup
100 g Sahnequark
3 Zweige Minze, grob gehackt
weißer Pfeffer aus der Mühle | Meersalz
2–3 EL Limettensaft

300 g Wassermelone, entkernt
350 g Gurke, geschält
2 EL Ahornsirup
3 EL Rotweinessig
3 EL Olivenöl
1 Knoblauchzehe, gehackt
6–8 Minzeblüten nach Belieben

Zubereitungszeit: 40 Minuten (plus Gefrierzeit)

1. Den Ziegenkäse mit Ahornsirup, Quark und Minze mischen. Mit dem Pürierstab fein pürieren. Mit Pfeffer, Meersalz und Limettensaft abschmecken. Im Gefrierfach 2–3 Stunden gefrieren.

2. Die Gurke längs halbieren und in dünne Scheiben schneiden. Aus der Melone Kugeln ausstechen (oder alternativ das Fruchtfleisch ebenfalls in Scheiben schneiden).

3. Ahornsirup, Essig, Öl, Salz, Pfeffer und Knoblauch verrühren. Gurke und Melone mit dem Dressing mischen.

4. Mit dem Kugelausstecher Kugeln aus dem geeisten Ziegenkäse ausstechen. Mit dem Salat anrichten. Nach Belieben mit einigen Minzeblüten garnieren.

Dazu passt ein frisches Baguette.

mit Blättern und Blüten
KLEINE VORSPEISEN

Schnelle Forellencreme mit Kapuzinerkresse auf Schwarzbrot

1 EL Fischgewürzmischung (siehe Tipp)
4 geräucherte Forellenfilets
50 g Crème fraîche
3 EL Zitronensaft
feines Meersalz | weißer Pfeffer aus der Mühle
5 Kapuzinerkresseblätter, gewaschen
100 g Schwarzbrot in dünnen Scheiben
8 Kapuzinerkresseblüten

Zubereitungszeit: 20 Minuten

1. Die Fischgewürzmischung in einem Mörser fein zerstoßen. Die Forellenfilets mit einer Gabel grob zerdrücken, mit Crème fraîche, Zitronensaft, Gewürzmischung, Salz und Pfeffer vermischen. Die Kapuzinerkresseblätter hinzufügen.

2. Das Schwarzbrot in mundgerechte Stücke schneiden. Die Forellencreme darauf verteilen und mit Kapuzinerblüten garnieren.

Tipp: Als Fischgewürzmischung passen Anissamen, Orangenschale, rosa Pfeffer, Chili, Wacholderbeeren, Dillsaat, die Sie sich im Gewürzladen mischen lassen oder selbst mischen können.

Kapuzinerkresseröllchen

12 Kapuzinerkresseblüten
100 g gemahlene Mandeln
1 Knoblauchzehe, fein gehackt
200 g Frischkäse
Meersalz | bunter Pfeffer aus der Mühle
12 große Kapuzinerkresseblätter, gewaschen, abgetropft
2 EL Kürbiskernöl

Zubereitungszeit: 20 Minuten

1. 3 Kapuzinerblüten fein hacken. Mandeln, Knoblauch, Frischkäse, die gehackten Blüten, Salz und Pfeffer gut vermischen.

2. Auf jedes Kapuzinerkresseblatt 1 EL Frischkäsemasse geben und einrollen. Mit dem Kürbiskernöl beträufeln und mit den Blüten garnieren.

Dazu passt Baguette.

‹ Gurken-Tomaten-Terrine

Für 1 Terrinenform von 1 Liter Inhalt
Ergibt etwa 16 Stücke

250 g Ziegenfrischkäse
350 g Vollmilchjoghurt
100 g gemischte Kräuter (z.B. Dill, Dillblüten,
Petersilie, Schnittlauch, Pimpinelle), grob gehackt
40 g Meerrettich, fein gerieben
Salz | Pfeffer aus der Mühle
6 Blatt weiße Gelatine
50 ml Schlagsahne
1 Salatgurke, längs halbiert, entkernt
10 Kirschtomaten, gewaschen
3 Scheiben Vollkornbrot

Dressing
1 Zwiebel, fein gewürfelt
2 EL Weißweinessig
3 EL Olivenöl
1 EL Honig

Zubereitungszeit: 45 Minuten
(ohne Kühlzeit)

1. Ziegenfrischkäse, Joghurt, Kräuter, Meerrettich, Salz und Pfeffer in einem hohen Gefäß mit dem Pürierstab oder im Mixer fein pürieren. Die Gelatine in kaltem Wasser einweichen, ausdrücken und in der leicht erwärmten Sahne auflösen. Dann zügig unter die Kräuter-Käse-Mischung rühren.

2. Die Terrinenform mit Frischhaltefolie auslegen. 2 EL Creme auf dem Boden verteilen. Die Gurkenhälfte der Länge nach in die Form legen (restliche Gurke beiseite legen), die Hälfte der Kräutercreme darauf verteilen, dann die Tomaten in die Form einschichten und mit der restlichen Creme auffüllen. Das Brot in passende Stücke schneiden und die Terrine damit bedecken. Gut abdecken und mindestens 6 Stunden kalt stellen.

3. Die Zwiebelwürfel mit Essig, Öl, Honig, Salz und Pfeffer verrühren. Die restliche Gurke in dünne Scheiben schneiden und mit dem Dressing vermischen.

4. Die Terrine stürzen, aufschneiden und mit den Gurkenscheiben anrichten.

Tipp: Statt mit Gelatine kann man dieses Rezept auch mit 10 g Agar Agar zubereiten.

Mozzarella mit Ringelblumen und Ringelblumenblättern

<< Mozzarella mit Ringelblumen und Ringelblumenblättern

8 Ringelblumen
(aus Bioanbau oder aus dem Garten)
250 g kleine Mozzarellakugeln, halbiert
2 Knoblauchzehen, gehackt
1 unbehandelte Zitrone, abgeriebene Schale
und Saft
3 EL Olivenöl
2 EL Agavendicksaft
Meersalz | weißer Pfeffer aus der Mühle

Zubereitungszeit: 15 Minuten

1. Von den Ringelblumen die Blätter und die Blütenblätter abzupfen, waschen und abtropfen lassen.

2. Mozzarella, Blüten und Blätter mit Knoblauch, Zitronenschale und -saft, Olivenöl und Agavendicksaft gut vermischen. Mit Meersalz und Pfeffer würzen.

Dazu passt Ciabatta.

< Mozzarella mit Pfirsich und Spinat an Vanilledressing

3 EL Olivenöl
2 EL Honig
2 EL Holunderblütenessig
1 TL Vanillepulver
Salz | Pfeffer aus der Mühle
2 Kugeln Mozzarella (je 125 g),
in dünne Scheiben geschnitten
150 g junger Spinat, gewaschen
3 Pfirsiche, entsteint,
in dünne Scheiben geschnitten

Zubereitungszeit: 20 Minuten

1. Öl, Honig, Essig, Vanille, Salz und Pfeffer gut verrühren.

2. Mozzarella, Spinat und Pfirsichscheiben fächerförmig auf einer Platte anrichten. Mit dem Dressing beträufeln und mit Baguette servieren.

Ziegenkäse im Speckmantel mit Zwetschgenmus und gebratenen Zwetschgen

4 Ziegenkäsetaler
8 Scheiben Speck
4 EL Olivenöl
2 Zweige Rosmarin, fein gehackt
350 g Zwetschgen, halbiert, entsteint
Salz | Pfeffer aus der Mühle
2 EL Zitronensaft
4 TL Pflaumenmus

Zubereitungszeit: 25 Minuten

1. Jeden Ziegenkäsetaler mit 2 Scheiben Speck umwickeln.

2. 2 EL Öl in einer beschichteten Pfanne erhitzen. Den Rosmarin und die Zwetschgen darin anbraten. Mit Salz, Pfeffer und Zitronensaft würzen. Herausnehmen und warm stellen.

3. Das restliche Öl erhitzen und den Ziegenkäse von jeder Seite 1 Minute braten. Mit den Zwetschgen und dem Pflaumenmus servieren.

Dazu passt sehr gut Nussbrot.

Melonen-Gurken-Tzatziki

500 g griechischer Sahne-Joghurt
3 Knoblauchzehen, fein gehackt
200 g Salatgurke, geschält, fein gewürfelt
200 g Melone (Cantaloupe oder Honigmelone), entkernt, fein gewürfelt
3 Zweige Minze, fein gehackt
Salz | Pfeffer aus der Mühle
2–3 EL Zitronensaft

Zubereitungszeit: 20 Minuten

1. Joghurt, Knoblauch, Gurke und Melone gut vermischen. Die Minze daruntermischen. Mit Salz, Pfeffer und Zitronensaft abschmecken.

Passt gut zu gegrilltem Lamm, zu gegrillten Zucchini oder Paprika oder mit Fladenbrot.

Karotten-Himbeer-Schichtcreme mit Pistazien-Sauerampfer-Pesto

Für 4 Gläser à 150 ml Inhalt

350 g Karotten, geschält, in Scheiben geschnitten
20 g Ingwer, fein gerieben
100 ml Schlagsahne
100 ml Gemüsebrühe
Salz | weißer Pfeffer aus der Mühle
2 Zweige Thymian, Blätter abgezupft
100 g Pistazien
40 ml Olivenöl
1 Knoblauchzehe, grob gehackt
2–3 EL Zitronensaft
100 g Sauerampfer, gewaschen, grob gehackt
100 g Himbeeren
50 g Crème fraîche

Zubereitungszeit: 35 Minuten

1. Die Karotten mit Ingwer, Sahne, Gemüsebrühe, Salz und Pfeffer in einem Topf zugedeckt bei mittlerer Hitze 15 Minuten kochen. Mit dem Pürierstab pürieren und auskühlen lassen.

2. 25 g Pistazien hacken und beiseite stellen. Die restlichen Pistazien mit Olivenöl, Knoblauch, Zitronensaft und Sauerampfer fein pürieren. Die Himbeeren ebenfalls fein pürieren.

3. Das Karottenpüree abwechselnd mit Crème fraîche, Sauerampfer-Pesto und Himbeerpüree in Gläser einschichten. Mit den gehackten Pistazien bestreuen.

< Schwarzbrot-Terrine mit Johannisbeeren und Kräuter-Ziegenkäse

Für 1 Terrinenform von 1½ Liter Inhalt
Ergibt etwa 16 Scheiben

500 g Speisequark
200 g Frischkäse
200 g gemischte Kräuter (z.B. Petersilie, Schnittlauch, Dill, Oregano, Minze, Kresse), fein gehackt
2 Knoblauchzehen, gehackt
Salz | bunter Pfeffer aus der Mühle
4 Blatt weiße Gelatine
100 ml Schlagsahne
200 g rote Johannisbeeren, gewaschen, entstielt
25 hauchdünne Scheiben Schwarzbrot
(evtl. vom Bäcker schneiden lassen)
15 Gänseblümchen
200–300 g Schwarzwälder Schinken

Zubereitungszeit: 45 Minuten
(ohne Kühlzeit)

1. Quark, Frischkäse, Kräuter, Knoblauch, Salz und Pfeffer verrühren. Die Gelatine in kaltem Wasser einweichen, ausdrücken und in der leicht erwärmten Sahne auflösen. Die Sahne mit einem Schneebesen unter die Frischkäsemasse ziehen. Die Johannisbeeren vorsichtig darunterheben.

2. Eine Kastenform mit Frischhaltefolie auslegen. Die Rinde von den Brotscheiben abschneiden. Den Boden der Form mit Brotscheiben auslegen, dann abwechselnd Kräuterfrischkäse und Brot einschichten (es sollte 5 Schichten ergeben) und mit einer Schicht Schwarzbrot abschließen. Mindestens 3 Stunden durchkühlen.

3. Die Gänseblümchenblüten abzupfen und waschen. Die Brotterrine aufschneiden. Mit Gänseblümchen und Schinken servieren.

zarte Stängel
KRÄUTER UND GEMÜSE

Buchweizencrêpes mit Pfifferlingen, Tomaten und Parmesan

Brennnesselspaghetti mit Parmesan und Mandeln

500 g junge Brennnesseln
(mit Handschuhen gepflückt)
3 EL Nussöl
2 Zwiebeln, fein gewürfelt
3 Knoblauchzehen,
in dünne Scheiben geschnitten
200 ml Gemüsebrühe
Salz | Pfeffer aus der Mühle
1 Msp. frisch geriebene Muskatnuss

500 g Spaghetti
100 g Mandelstifte
40 g Parmesan, gehobelt

Zubereitungszeit: 35 Minuten

1. Die Brennnesseln in kochendem Wasser kurz blanchieren, kalt abschrecken. Die Blätter von den Stängeln zupfen und grob hacken.

2. Das Nussöl in einem Topf erhitzen, Zwiebeln, Knoblauch und Brennnesseln darin andünsten. Mit der Brühe aufgießen und zugedeckt 5 Minuten kochen lassen. Mit Salz, Pfeffer und Muskatnuss würzen.

3. Die Spaghetti in kochendem Salzwasser 8 Minuten kochen. Dann abgießen und abtropfen lassen.

4. Die Mandelstifte in einer Pfanne ohne Fett rösten.

5. Spaghetti, Brennnesselsauce und Mandeln mischen. Mit dem gehobelten Parmesan bestreuen.

< Buchweizencrêpes mit Pfifferlingen, Tomaten und Parmesan

Crêpes
200 g Buchweizenmehl
300 ml Milch
3 Eier (Größe M)
Salz | Pfeffer aus der Mühle
1 Msp. frisch geriebene Muskatnuss
3 EL Sonnenblumenöl

10 Schafgarbenblätter
oder ersatzweise Oregano
2 EL Kürbiskernöl
2 Zwiebeln, fein gewürfelt
1 Knoblauchzehe, fein gehackt
500 g Pfifferlinge, geputzt
250 g Kirschtomaten, halbiert
50 g Parmesan, grob geraspelt
2–3 EL Zitronensaft

Zubereitungszeit: 35 Minuten

1. Das Buchweizenmehl mit Milch, Eiern, Salz, Pfeffer und Muskatnuss verrühren.

2. Die Schafgarbenblätter grob zerkleinern. Das Kürbiskernöl erhitzen, Zwiebeln, Schafgarbe und Knoblauch andünsten. Die Pfifferlinge dazugeben und 5 Minuten bei mittlerer Hitze braten. Kurz vor Ende der Garzeit Tomaten und Parmesan hinzufügen. Mit Salz, Pfeffer und Zitronensaft würzen.

3. Das Sonnenblumenöl in einer beschichteten Pfanne erhitzen und aus dem Buchweizenteig nacheinander 4 Pfannkuchen ausbacken. Die fertig gebackenen Pfannkuchen warm stellen. Mit dem Pfifferlings-Tomaten-Gemüse servieren.

Mariniertes Sommergemüse mit gebackenen Sardinen und Salbei

Ravioli mit Paprika-Rucola-Füllung

Ravioliteig
150 g Hartweizengrieß
100 g Mehl
2 Eier (Größe M)
2 EL Olivenöl
Salz

Füllung
300 g Rucola, gewaschen, abgetropft
2 EL Olivenöl
500 g rote und gelbe Paprika, entkernt, fein gewürfelt
2 Knoblauchzehen, gehackt
2 Zwiebeln, fein gewürfelt
2 Zweige Rosmarin, fein gehackt
weißer Pfeffer aus der Mühle
1 Msp. frisch geriebene Muskatnuss
250 g Ziegenfrischkäse
100 g Semmelbrösel

1 verquirltes Eigelb zum Bestreichen
2 EL Olivenöl

**Zubereitungszeit: 1 Stunde
(ohne Kühlzeit)**

1. Für den Teig Grieß, Mehl, Eier, Olivenöl und Salz mit den Knethaken des Handrührgeräts gut durchkneten. In Folie wickeln und 30 Minuten ruhen lassen.

2. In der Zwischenzeit 200 g Rucola fein hacken. Das Öl in einer Pfanne erhitzen. Zwei Drittel der Paprikawürfel, den gehackten Rucola, Knoblauch, Zwiebeln und Rosmarin anbraten. Mit Salz, Pfeffer und Muskatnuss würzen. Den Ziegenfrischkäse und die Semmelbrösel hinzufügen und alles gut mischen.

3. Den Nudelteig vierteln und nacheinander auf einer bemehlten Arbeitsfläche mit dem Nudelholz dünn ausrollen. 8 Kreise von 12 cm Durchmesser ausstechen.

4. Die Füllung jeweils in die Mitte auf die Teigplatten verteilen. Die Teigränder mit Eigelb bestreichen, zur Hälfte zusammenklappen und mit Zinken einer Gabel dem Rand entlang festdrücken.

5. Die Ravioli in leicht kochendem Salzwasser 5 Minuten garen. Dann herausheben.

6. Die restlichen Paprikawürfel in 2 EL Öl andünsten. Den restlichen Rucola hinzufügen. Zu den Ravioli servieren.

< Mariniertes Sommergemüse mit gebackenen Sardinen und Salbei

500 g Bundkarotten, geschält
(etwas Grün stehen lassen)
Salz
6 EL Olivenöl
3 Zwiebeln, in Ringe geschnitten
2 rote Paprika, entkernt, in Streifen geschnitten
12 frische Salbeiblätter
Meersalz | bunter Pfeffer aus der Mühle
150 ml Weißwein
50 ml Weißweinessig
3 EL Lavendelhonig
300 g Kirschtomaten

350 g Sardinenfilets
70 g gemahlene Mandeln
2–3 EL Zitronensaft

Zubereitungszeit: 45 Minuten

1. Die Karotten in kochendem Salzwasser 10 Minuten garen.

2. 2 EL Öl in einer Pfanne erhitzen, Zwiebeln, Paprika und Salbei anbraten. Mit Salz und Pfeffer würzen. Weißwein, Essig und Honig darunterrühren. Dann die Kirschtomaten hinzufügen. Im Backofen bei 180 Grad (Umluft 160 Grad) zugedeckt 15 Minuten garen.

3. Die Sardinen in den gemahlenen Mandeln wenden, die Panade gut andrücken. 4 EL Olivenöl erhitzen und den Fisch darin ausbacken. Mit dem Paprika-Tomaten-Gemüse anrichten. Das Gemüse und die Sardinen mit Meersalz bestreuen und mit Zitronensaft abschmecken.

Schmorgurken-Tomaten-Gemüse mit Kartoffelpüree

‹ Gefüllte Zucchiniblüten mit Blüten-Aïoli

12 Zucchiniblüten mit kleinen Zucchini, gewaschen
200 g Ricotta
3 Knoblauchzehen, gehackt
100 g gemahlene Mandeln
5 Zweige Minze, fein gehackt
1 unbehandelte Limette, abgeriebene Schale und Saft
Salz | weißer Pfeffer aus der Mühle
1 Ei (Größe M)
100 g Semmelbrösel
3 EL Olivenöl

10 essbare Sommerblüten (z.B. Rosen, Begonien, Kapuzinerblüten, Minzeblüten, Ringelblumen)
100 g Light-Mayonnaise
50 g Crème fraîche

Zubereitungszeit: 50 Minuten

1. Den Ricotta mit der Hälfte des Knoblauchs, Mandeln, Minze, Limettenschale, Salz und Pfeffer gut verrühren. Die Zucchiniblüten damit füllen und die Spitzen der Blütenblätter vorsichtig zusammendrehen.

2. Das Ei mit Salz und Pfeffer verrühren. Die gefüllten Blüten zuerst im Ei, dann in der Panade wenden. Das Öl in einer beschichteten Pfanne erhitzen und die Zucchiniblüten darin 5 Minuten braten. Auf Küchenkrepp abtropfen lassen.

3. Die Blütenblätter der Sommerblüten abzupfen und fein hacken. Mayonnaise und Crème fraîche mit dem restlichen Knoblauch, den Blütenblättern, Salz, Pfeffer und Limettensaft gut verrühren. Zu den gefüllten Zucchiniblüten servieren.

‹‹ Schmorgurken-Tomaten-Gemüse mit Kartoffelpüree

Kartoffelpüree
650 g Kartoffeln
Salz
3 EL Olivenöl
4 EL Limettensaft
frisch geriebene Muskatnuss

2 EL Distelöl
1 kg Schmorgurken, geschält, gewürfelt
3 Zwiebeln, in dünne Ringe geschnitten
2 Knoblauchzehen, gehackt
2 Zweige Oregano, fein gehackt
150 ml Schlagsahne
schwarzer Pfeffer aus der Mühle
3 EL grobkörniger Senf
1 EL Limettensaft
400 g Kirschtomaten, halbiert
1 EL Stärkemehl

Zubereitungszeit: 45 Minuten

1. Die Kartoffeln schälen und in Salzwasser zugedeckt etwa 20 Minuten weich kochen.

2. In der Zwischenzeit das Distelöl in einem Topf erhitzen. Gurke, Zwiebeln, Knoblauch und Oregano anbraten. Mit der Sahne aufgießen. Mit Salz, Pfeffer, Senf und 1 EL Limettensaft abschmecken und die Gurke 10 Minuten bei mittlerer Hitze garen. Kurz vor Ende der Garzeit die Tomaten hinzufügen. Das Stärkemehl mit 3 EL kaltem Wasser verrühren. Zum Gurkengemüse geben und nochmals kurz aufkochen lassen.

3. Die Kartoffeln mit einer Gabel zerdrücken. Mit Olivenöl, Limettensaft, Salz, Pfeffer und Muskatnuss abschmecken. Mit dem Gurkengemüse servieren.

Zucchini und Tomaten auf Rosmarinspießen mit Safran-Aïoli

Für 8 Spieße

9 Zweige Rosmarin
4 EL Olivenöl
2 EL Honig
3 EL Weißweinessig
Salz | Pfeffer aus der Mühle
4 Zucchini
500 g Kirschtomaten

Safran-Aïoli
250 g Light-Mayonnaise
0,1 g (1 Briefchen) Safranpulver
2 Knoblauchzehen, gehackt
4–5 EL Limettensaft

Zubereitungszeit: 20 Minuten
(ohne Marinierzeit)

1. Von einem Rosmarinzweig die Nadeln abstreifen und fein hacken. Mit Öl, Honig, Essig, Salz und Pfeffer verrühren.

2. Die Zucchini grob würfeln. Zucchini und Kirschtomaten mit der Rosmarinmarinade mischen und über Nacht kalt stellen.

3. Die Mayonnaise mit Safran, Knoblauch, Limettensaft, Salz und Pfeffer verrühren.

4. Die verbleibenden 8 Rosmarinzweige am unteren Ende anspitzen. Tomaten und Zucchiniwürfel abwechselnd daraufstecken. Auf dem Grill oder in einer Grillpfanne rundherum 4 Minuten grillen.
Mit Safran-Aïoli servieren.

Brotteigtaschen mit Mangold, Chorizo und Mozzarella

Brotteig
400 g Mehl (Type 405)
1 Würfel Hefe (42 g)
3 EL Olivenöl
Salz

Füllung
500 g Mangoldblätter,
in feine Streifen geschnitten
2 Knoblauchzehen, gehackt
200 g Chorizo, fein gewürfelt
2 Zwiebeln, fein gehackt
3 EL Olivenöl
3 Zweige Oregano, Blätter abgezupft
2–3 EL Zitronensaft
100 g Mozzarella, fein gewürfelt

Zubereitungszeit: etwa 45 Minuten

1. Für den Teig Mehl, die zerbröselte Hefe, Olivenöl, Salz und 150 ml lauwarmes Wasser mit den Knethaken des Handrührgeräts zu einem glatten Teig verarbeiten. An einem warmen Ort 30 Minuten gehen lassen.

2. In der Zwischenzeit den Mangold im Öl mit Knoblauch, Chorizo und Zwiebeln andünsten. Mit Salz, Oregano und Zitronensaft würzen. Den Mozzarella hinzufügen und alles in der Pfanne abkühlen lassen.

3. Den Teig auf einer bemehlten Arbeitsfläche dünn ausrollen und 4 Kreise von 25 cm Durchmesser ausschneiden. Die Füllung jeweils auf der einen Hälfte der Teigplatten verteilen und zu Teigtaschen zusammenklappen. Mit einer Gabel dem Rand entlang festdrücken.

4. Die Teigtaschen auf dem Grill oder in einer Pfanne auf dem Herd von jeder Seite 5 Minuten unter mehrmaligem Wenden grillen.

Paprikapizza
mit Ziegenfrischkäse und Thymian

400 g Mehl
½ Würfel Hefe (20 g)
8 EL Olivenöl
250 ml lauwarmes Wasser
Meersalz | weißer Pfeffer aus der Mühle

je 4 rote und gelbe Paprika, entkernt, geachtelt
2 Knoblauchzehen, gehackt
3 Zweige Thymian, Blättchen abgezupft
100 g Ziegenfrischkäse

Zubereitungszeit: 1 Stunde

1. Das Mehl mit der zerbröckelten Hefe, 3 EL Olivenöl, Wasser, Salz und Pfeffer mit den Knethaken des Handrührgeräts verkneten. An einem warmen Ort 45 Minuten gehen lassen.

2. In der Zwischenzeit die Paprika mit der Hautseite nach oben unter dem heißen Backofengrill rösten, bis die Haut schwarz wird und Blasen wirft. Herausnehmen und mit einem feuchten Tuch abdecken, dann die Haut abziehen. Die Paprika mit 2 EL Olivenöl, Knoblauch, Meersalz, Thymian und Pfeffer abschmecken.

3. Den Pizzateig auf einer bemehlten Arbeitsfläche dünn zu 2 Kreisen von etwa 20 cm Durchmesser ausrollen. 3 EL Olivenöl in einer beschichteten Pfanne erhitzen, die Pizzateigfladen nacheinander von jeder Seite 5 Minuten braten. Mit den Paprika belegen und den grob zerbröckelten Frischkäse darüberstreuen.

Mediterraner Gemüsesalat

4 EL Olivenöl
2 rote Zwiebeln, in Ringe geschnitten
2 Knoblauchzehen, gehackt
je 3 rote und gelbe Paprika, entkernt, gewürfelt
2 Zucchini, in dünne Scheiben geschnitten
150 g eingelegte Artischocken,
in dünne Scheiben geschnitten
Salz | Pfeffer aus der Mühle
5–6 EL Rotweinessig
30 g Pinienkerne, trocken geröstet
30 g Parmesan, gehobelt

1 Oliven-Ciabatta

Zubereitungszeit: etwa 35 Minuten

1. Das Öl in einer Pfanne erhitzen, Zwiebeln, Knoblauch, Paprika und Zucchini 6–8 Minuten bei mittlerer Hitze braten. Dann die Artischocken hinzufügen. Mit Salz, Pfeffer und Essig abschmecken. Mit Pinienkernen und gehobeltem Parmesan bestreuen und mit Oliven-Ciabatta servieren.

Gebratene Artischocken mit karamellisierten Tomaten und Polentasoufflé

6 Artischocken (à etwa 170 g)
100 ml Weißweinessig
50 g Zucker
300 g Kirschtomaten
3 EL Olivenöl
3 Knoblauchzehen, in dünne Scheiben geschnitten
3 Zweige Thymian, fein gehackt

Polentasoufflé
300 ml Milch
30 g Butter
Meersalz | weißer Pfeffer aus der Mühle
frisch geriebene Muskatnuss
150 g Polenta
2 Eier (Größe M)
70 g Bergkäse, gerieben
Butter zum Fetten der Förmchen

Zubereitungszeit: 1 Stunde

1. Die Artischocken putzen: Die äußeren, harten Blätter, das obere Drittel der Früchte und das Heu im Innern entfernen. Den Stiel mit einem scharfen Messer abschälen. Damit sie nicht braun werden, die Artischocken sofort in Wasser mit 100 ml Essig legen und 10 Minuten darin kochen, dann abgießen.

2. Die Milch mit Butter, Salz, Pfeffer und Muskat erhitzen. Den Polentagrieß einrühren und 15 Minuten quellen lassen. Die Eier trennen und das Eiweiß mit den Schneebesen des Handrührgeräts steif schlagen. Die Eigelbe und den Eischnee unter die Polentamasse ziehen, den Käse daruntermischen.
Die Polentamasse in 4 gefettete Förmchen verteilen und im vorgeheizten Backofen bei 180 Grad (Umluft 160 Grad, Gas Stufe 2) 25 Minuten backen.

3. Den Zucker in einer Pfanne karamellisieren, die Tomaten darin schwenken. Mit Meersalz und Pfeffer würzen.

4. Das Öl in einer beschichteten Pfanne erhitzen, Artischocken, Knoblauch und Thymian 5 Minuten braten. Mit dem Polentasoufflé und den Tomaten servieren.

Gebratene Artischocken mit karamellisierten Tomaten und Polentasoufflé

lecker und nachhaltig
FISCHGERICHTE

Lachsforellenfilet mit Minzebohnen und Bratkartoffelwürfeln

‹ Lachsforellenfilet mit Minzebohnen und Bratkartoffelwürfeln

500 g festkochende Kartoffeln, geschält
5 EL Öl
Salz | weißer Pfeffer aus der Mühle
1 Msp. frisch geriebene Muskatnuss
500 g Bohnen, geputzt
1 Zwiebel, fein gewürfelt
1 Knoblauchzehe, fein gehackt
4 Zweige Minze, gehackt

150 ml Schlagsahne
150 ml Weißwein
2 EL Dijonsenf
1 unbehandelte Zitrone,
abgeriebene Schale und Saft
600 g Lachsforellenfilet ohne Haut

Zubereitungszeit: 45 Minuten

1. Die Kartoffeln klein würfeln, mit kaltem Wasser abspülen und gut abtropfen lassen. 2 EL Öl in einer Pfanne erhitzen und die Kartoffeln 15 Minuten unter Wenden braten. Mit Salz, Pfeffer und Muskatnuss würzen.

2. Die Bohnen in kochendem Salzwasser 15 Minuten kochen, abgießen und abtropfen lassen. Zwiebel und Knoblauch in 1 EL Öl andünsten. Bohnen und Minze hinzufügen und gut vermischen. Mit Salz, Pfeffer und Muskatnuss abschmecken.

3. Sahne, Weißwein, Senf, 2 EL Zitronensaft, Zitronenschale, Salz und Pfeffer aufkochen. Bei mittlerer Hitze 5 Minuten offen köcheln lassen.

4. Den Fisch in 4 gleich große Stücke teilen. Mit Salz, Pfeffer und 2 EL Zitronensaft würzen. 2 EL Öl erhitzen und den Fisch von jeder Seite 5 Minuten braten.

5. Die Sauce mit dem Pürierstab fein pürieren. Fisch, Bohnen und Kartoffelwürfel anrichten und die Sauce darüber verteilen.

Sommerliche Fisch-Reis-Pfanne

8 kleine Artischocken
50 ml Weißweinessig
6 EL Distelöl oder anderes hochwertiges Bratöl
2 Zwiebeln, fein gewürfelt
2 Knoblauchzehen, gehackt
400 ml Weißwein
300 ml Gemüsebrühe
250 g Risottoreis
Salz | weißer Pfeffer aus der Mühle
0,1 g (1 Briefchen) Safranpulver
1 TL Kurkuma
1 Msp. geriebene Muskatnuss
500 g Fischfilets, gemischt (z. B. Lachs, Pangasius, Kabeljau), gewürfelt
100 g ausgelöste Muscheln
4 Zweige Oregano, gehackt
5–6 EL Zitronensaft

Zubereitungszeit: 45 Minuten

1. Von den Artischocken die äußeren, harten Blätter entfernen, die Blattspitzen mit einem scharfen Messer oder einer Schere abschneiden und den Stiel schälen. Die Früchte längs halbieren. 500 ml Wasser mit 50 ml Weißweinessig mischen und die Artischockenhälften sofort hineingeben, damit sie nicht braun werden.

2. Die Artischocken abgießen und gut abtropfen lassen. 3 EL Öl in einem Topf erhitzen, Artischocken, Zwiebeln und Knoblauch anbraten. Mit Weißwein und Gemüsebrühe ablöschen. Den Reis hinzufügen und bei milder Hitze 15 Minuten garen. Mit Salz, Pfeffer, Safran, Kurkuma und Muskatnuss würzen.

3. In der Zwischenzeit 3 EL Öl in einer beschichteten Pfanne erhitzen, Fisch und Muscheln mit dem Oregano darin 5 Minuten braten. Mit Salz und Pfeffer würzen. Den Fisch vorsichtig unter den Reis mischen. Mit Zitronensaft abschmecken.

Sommerliche Fisch-Reis-Pfanne

Muscheln in Cidre mit Knoblauch und Pfirsichwürfeln

‹ Muscheln in Cidre
mit Knoblauch und Pfirsichwürfeln

2 kg Miesmuscheln (aus Aquakultur)
3 EL Olivenöl
4 Knoblauchzehen, fein gehackt
300 ml Cidre (Apfelwein)
50 ml Pfirsichlikör
Meersalz, weißer Pfeffer aus der Mühle
4 Pfirsiche, entsteint, fein gewürfelt

Zubereitungszeit: 30 Minuten

1. Die Muscheln waschen, wässern und entbarten. Offene Muscheln entfernen.

2. Öl in einem Topf erhitzen, Muscheln und Knoblauch anbraten. Mit Cidre und Pfirsichlikör ablöschen. Mit Meersalz und Pfeffer würzen und zugedeckt 5 Minuten köcheln. Kurz vor Ende der Garzeit die Pfirsichwürfel hinzufügen.

Mit Olivenbrot servieren.

‹‹ Gebratene Jakobsmuscheln
mit getrüffeltem Kartoffelpüree

Kartoffelpüree
800 g Kartoffeln, geschält
3 EL Trüffelöl
1 unbehandelte Zitrone,
abgeriebene Schale und Saft
Meersalz | weißer Pfeffer aus der Mühle
1 Msp. frisch geriebene Muskatnuss
150 ml Gemüsebrühe

3 EL Olivenöl
400 g Jakobsmuscheln, ausgelöst
2 Zweige Thymian
2 Knoblauchzehen, fein gehackt
1 Sommertrüffel

Zubereitungszeit: 30 Minuten

1. Die Kartoffeln in Salzwasser weich kochen. Durch eine Kartoffelpresse drücken. Mit Trüffelöl, Zitronenschale, Zitronensaft, Meersalz, Pfeffer und Muskatnuss würzen. Die Brühe hinzufügen.

2. Das Öl in einer Pfanne erhitzen. Die Jakobsmuscheln mit den Thymianzweigen und dem Knoblauch 5 Minuten anbraten. Mit Meersalz würzen.

3. Die Jakobsmuscheln mit dem Kartoffelpüree anrichten und die Trüffel mit einem Trüffelhobel oder einer sehr feinen Reibe darüberhobeln.

Zanderfilet mit Pinienkernen, Tomatengemüse und Estragon

800 g Zanderfilet mit Haut
Salz, weißer Pfeffer aus der Mühle
4 EL Olivenöl
60 g Pinienkerne
600 g verschiedenfarbige Kirschtomaten, halbiert
2 Zwiebeln, gewürfelt
3 Zweige Estragon, gehackt
1 Msp. Chilipulver

Zubereitungszeit: 25 Minuten

1. Das Zanderfilet in 4 gleich große Stücke schneiden. Mit Salz und Pfeffer würzen und in einer beschichteten Pfanne in 2 EL Olivenöl von jeder Seite 3 Minuten braten. Kurz vor Ende der Garzeit die Pinienkerne hinzufügen.

2. Das restliche Öl in einer zweiten Pfanne erhitzen und darin Tomaten und Zwiebeln anbraten. Den Estragon hinzufügen. Mit Salz, Pfeffer und Chili würzen. Das Tomatengemüse zum gebratenen Zanderfilet servieren.

Seelachsfilet
mit Ringelblumen-Gurken-Salat

200 g Gurke, geschält, längs halbiert, entkernt
2 EL Holunderblütensirup
5 EL Haselnussöl oder anderes Nussöl
2 EL Weißweinessig
Salz | Pfeffer aus der Mühle
1 Bund Schnittlauch,
in feine Röllchen geschnitten
5 Ringelblumenblüten (aus Bioanbau),
Blütenblätter, grob gezupft
600 g Seelachsfilet
Saft von 1 Zitrone

**Zubereitungszeit: 50 Minuten
(ohne Marinierzeit)**

1. Die Gurke in hauchdünne Scheiben schneiden. Den Holunderblütensirup mit 2 EL Haselnussöl, Essig, Salz und Pfeffer gut verrühren. Gurke, Schnittlauch und Ringelblumenblüten mit dem Dressing gut vermischen und 10 Minuten kalt gestellt ziehen lassen.

2. Den Seelachs in 4 Portionen teilen, salzen und pfeffern. 3 EL Öl in einer beschichteten Pfanne erhitzen und den Fisch von jeder Seite 5 Minuten braten. Mit Zitronensaft beträufeln und mit dem Gurkensalat servieren.

Dazu passt geröstetes Baguette.

In Borretsch-Zitronenöl marinierter Fisch mit Gurkengemüse

16 Borretschblüten
1 unbehandelte Zitrone,
fein abgeriebene Schale und Saft
100 ml Olivenöl
2 Knoblauchzehen, fein gehackt
Meersalz
800 g Kabeljaufilet
1 EL Olivenöl zum Braten

Gurkengemüse
1 Salatgurke, geschält, längs halbiert
1 EL Olivenöl
1 Gemüsezwiebel, fein gewürfelt
Pfeffer aus der Mühle
1 Msp. frisch geriebene Muskatnuss

Zubereitungszeit: 50 Minuten (ohne Marinierzeit)

1. Die Hälfte der Borretschblüten grob hacken. Die gehackten Blüten mit Zitronenschale, Olivenöl, Knoblauch und Meersalz verrühren.

2. Den Fisch in 4 Portionen teilen, in die Borretsch-Zitronen-Marinade einlegen und über Nacht im Kühlschrank marinieren.

3. Die Gurke in Scheiben schneiden. Das Öl in einer Pfanne erhitzen, die Zwiebelwürfel andünsten, Gurke und die restlichen Borretschblüten hinzufügen und 5 Minuten braten. Mit Salz, Pfeffer, Zitronensaft und Muskatnuss würzen.

4. In einer beschichteten Pfanne das Öl erhitzen und den Fisch von jeder Seite bei starker Hitze 4 Minuten braten. Mit dem Gurkengemüse servieren.

Gegrilltes Lachssteak mit Kirsch-Aïoli

100 ml Olivenöl
2 Knoblauchzehen, fein gehackt
1 unbehandelte Zitrone, abgeriebene Schale
100 g gemischte Kräuter (junger Beifuss, Rosmarin, Thymian, Salbei, Minze), fein gehackt
Meersalz | Pfeffer aus der Mühle
4 Lachsfilets (je 160 g)

Kirsch-Aïoli
120 g Light-Mayonnaise
50 g Vollmilchjoghurt
250 g Kirschen, entsteint, klein geschnitten
2 Knoblauchzehen, fein gehackt
Salz, Pfeffer aus der Mühle
2 EL Zitronensaft

Zubereitungszeit: 40 Minuten (ohne Marinierzeit)

1. Das Olivenöl mit Knoblauch, Zitronenschale, Kräutern, Salz und Pfeffer gut verrühren. Den Lachs darin einlegen und über Nacht im Kühlschrank marinieren.

2. Mayonnaise und Joghurt mit Kirschen, Knoblauch, Salz, Pfeffer und Zitronensaft gut verrühren.

3. Den Lachs aus der Marinade nehmen und von jeder Seite 3–5 Minuten grillen. Mit Kirsch-Aïoli und Ciabatta servieren.

Tipp: Diese Marinade eignet sich für Fisch, Garnelen oder Fleisch (z.B. Kalbssteak, Hähnchenbrust). Diese mindestens 6 Stunden, am besten gekühlt über Nacht darin marinieren.

Seelachs im Mangold-Brot-Mantel mit Rhabarbervinaigrette

Rhabarbervinaigrette
2 EL Sherryessig
6 EL Olivenöl
1 EL Agavendicksaft oder ersatzweise Honig
100 g Rhabarber,
in hauchdünne Scheiben geschnitten
2 EL Rhabarbersaft (Bioladen)
1 Lauchzwiebel, in dünne Scheiben geschnitten
Meersalz | schwarzer Pfeffer aus der Mühle

8 Mangoldblätter ohne Stiel
650 g Seelachsfilet
4 dünn geschnittene Scheiben Schwarzbrot, entrindet
4 Scheiben Schwarzwälder Schinken

Zubereitungszeit: 30 Minuten

1. Essig, 3 EL Öl, Agavendicksaft, Rhabarber, Rhabarbersaft und Lauchzwiebel verrühren. Mit Salz und Pfeffer abschmecken.

2. Die Mangoldblätter in kochendem Salzwasser 2 Minuten blanchieren.

3. Den Seelachs in 4 Portionen teilen, mit Salz und Pfeffer würzen. Mit den Brotscheiben, dem Mangold und dem Schinken umwickeln.

4. 3 EL Öl in einer beschichteten Pfanne erhitzen und die Seelachspäckchen bei mittlerer Hitze von jeder Seite 6 Minuten braten. Mit der Rhabarbervinaigrette servieren.

Seelachs im Mangold-Brot-Mantel mit Rhabarbervinaigrette

Gebratenes Schweinefilet mit Pfifferlings-Aprikosen-Ragout und frischer Minze

Gegrillt und gebraten
RAFFINIERTES FLEISCH

‹ Gebratenes Schweinefilet mit Pfifferlings-Aprikosen-Ragout und frischer Minze

1 EL mildes Paprikapulver
Salz | weißer Pfeffer aus der Mühle
1 TL gemahlener Kardamom
1 TL gemahlener Thymian
600 g Schweinefilet,
von Fettstellen und Sehnen befreit
4 EL Erdnussöl
500 g Pfifferlinge, geputzt
1 Knoblauchzehe, fein gehackt
2 Zwiebeln, fein gewürfelt
500 g Aprikosen, entsteint,
in dünne Spalten geschnitten
3 Zweige Minze, grob gehackt
1 Msp. frisch geriebene Muskatnuss

Zubereitungszeit: 35 Minuten

1. Paprika, Salz, Pfeffer, Kardamom und Thymian gut vermischen. Das Fleisch mit der Würzmischung rundherum gut einreiben.

2. 2 EL Öl in einer Pfanne erhitzen und das Fleisch bei starker Hitze rundherum anbraten. Im vorgeheizten Backofen 20 Minuten bei 160 Grad (Umluft 140 Grad) fertig garen.

3. Das restliche Öl erhitzen, Pfifferlinge, Knoblauch und Zwiebeln andünsten und 5 Minuten braten, kurz vor Ende der Garzeit Aprikosen und Minze hinzufügen. Mit Salz, Pfeffer und Muskatnuss würzen.

4. Das Schweinefilet in Scheiben schneiden und mit dem heißen Pilzragout servieren.

Rumpsteak mit Rosen-Bulgur und Balsamico-Creme

200 g Bulgur
1 EL Curry
Salz
10 Rosenblüten (aus biologischem Anbau), Blütenblätter abgezupft
1 Bund glatte Petersilie, fein gehackt
2 Knoblauchzehen, fein gehackt
2 EL Olivenöl
3–4 EL Zitronensaft
1 TL gemahlener Kreuzkümmel (Cumin)
Pfeffer

4 Rumpsteaks (je 160 g)
2 EL Olivenöl zum Braten
nach Belieben Rosensalz (siehe Tipp)
4 EL Balsamico-Creme

Zubereitungszeit: etwa 35 Minuten

1. Den Bulgur mit Curry und Salz aufkochen, 5 Minuten kochen, dann 10 Minuten zugedeckt quellen lassen. Abgießen und abkühlen lassen. Die Rosenblätter fein hacken und zusammen mit Petersilie, Knoblauch, 2 EL Öl und Zitronensaft unter den Bulgur mischen. Mit Kreuzkümmel, Salz und Pfeffer würzen.

2. Die Rumpsteaks pfeffern. In einer beschichteten Pfanne Öl erhitzen und die Rumpsteaks von jeder Seite 5 Minuten braten. Mit dem Bulgur servieren und nach Belieben mit Rosensalz bestreuen und mit Balsamico-Creme beträufeln.

Tipp Rosensalz: 2 getrocknete, ungespritzte Rosenblüten grob hacken. Mit 100 g grobem Meersalz in einem Mörser fein zerstoßen. In einem Glas gut verschlossen etwa 6 Monate haltbar.

Rumpsteak mit Rosen-Bulgur und Balsamico-Creme

<< Hähnchenbrust mit Pfirsichsenf, Spinat und gebratenen Pfirsichen

5 Pfirsiche, halbiert, entsteint
100 g mittelscharfer Senf
2 EL Zitronensaft

1 kleine Handvoll Schafgarbe oder ersatzweise
Rosmarin, abgezupft, grob gehackt
2 EL Kürbiskernöl
4 Hähnchenbrüste (je 150 g)
Salz | schwarzer Pfeffer aus der Mühle
1 Msp. frisch gemahlene Muskatnuss
3 EL Olivenöl
3 Knoblauchzehen,
in dünne Scheiben geschnitten
300 g junger Spinat, gewaschen

Zubereitungszeit: 40 Minuten

1. 2 Pfirsichhälften fein würfeln. Mit Senf und Zitronensaft verrühren und kalt stellen.

2. Die restlichen Pfirsichhälften in Spalten schneiden. Schafgarbe oder Rosmarin mit dem Kürbiskernöl vermischen.

3. Die Hähnchenbrüste mit Salz, Pfeffer und Muskatnuss würzen. Das Öl in einer beschichteten Pfanne erhitzen und das Fleisch bei mittlerer Hitze von jeder Seite 5 Minuten anbraten. Herausnehmen und warm stellen.

4. In der gleichen Pfanne die Pfirsichspalten mit Knoblauch und Schafgarbe anbraten. Den Spinat hinzufügen. Mit Salz und Pfeffer würzen. Mit dem Pfirsichsenf zur Hähnchenbrust servieren.

Rotwein-Chili-Marinade

300 ml Rotwein
1 Knoblauchzehe, fein gehackt
1 rote Chilischote, entkernt, in Ringe geschnitten
3 Zweige Oregano, fein gehackt
3 EL Rotweinessig
1 EL Honigsenf (Fertigprodukt,
alternativ milder Senf)
1 EL Honig
Salz | Pfeffer aus der Mühle

**Zubereitungszeit: 15 Minuten
(ohne Marinierzeit)**

Alle Zutaten gut verrühren.
Fleisch mindestens 4 Stunden, am besten aber über Nacht im Kühlschrank darin marinieren.

Tipp: Diese Marinade eignet sich für Lammrücken, Rinderfilet und Rumpsteak.

Gegrillte Lammfilets
mit Wildkräuter-Zucchini-Salat >

100 g Wildkräuterpesto (siehe Seite 19)
50 ml Whisky
Salz | schwarzer Pfeffer aus der Mühle
500 g Lammfilets, von Sehnen befreit

Zucchinisalat
350 g Zucchini
50 g gemischte Wildkräuter (z.B. Vogelmiere, Minze, Sauerampfer, Löwenzahn), abgezupft, fein gehackt
2 EL Holunderblütenessig
3 EL Olivenöl
1 TL Wildblütenhonig

2–3 EL Balsamico-Creme

Zubereitungszeit: 35 Minuten

1. Für die Marinade Bärlauchpesto, Whisky, Salz und Pfeffer gut verrühren. Die Lammfilets darin einlegen und über Nacht im Kühlschrank marinieren.

2. Die Zucchini in hauchdünne Scheiben schneiden. Die Wildkräuter mit Essig, Öl, Honig, Salz und Pfeffer gut verrühren.

3. Die Lammfilets aus der Marinade nehmen. Auf einem heißen Grill oder in einer Grillpfanne auf dem Herd 6–8 Minuten rundherum grillen.

4. Die Wildkräutermarinade mit den Zucchini mischen, mit Salz und Pfeffer abschmecken.

5. Die Lammfilets in Scheiben schneiden und auf dem Zucchinisalat anrichten. Mit der Balsamico-Creme beträufeln.

Gegrillte Lammfilets mit Wildkräuter-Zucchini-Salat

Rumpsteak mit Karotten und Heidelbeeren

‹ Rumpsteak
mit Karotten und Heidelbeeren

700 g Bundkarotten mit Grün
Salz
4 Rumpsteaks (je 160 g)
Meersalz | weißer Pfeffer aus der Mühle
3 EL Olivenöl
200 g Heidelbeeren
20 g Butter
3 EL Limettensaft

Zubereitungszeit: 30 Minuten

1. Eine Handvoll Karottenkraut grob hacken. Die Karotten schälen, nach Belieben etwas Grün stehen lassen. In kochendem Salzwasser 8 Minuten garen, dann abgießen.

2. Die Rumpsteaks salzen und pfeffern. Das Öl in einer beschichteten Pfanne erhitzen und das Fleisch von jeder Seite 5 Minuten anbraten. Herausnehmen und warm halten.

3. Im verbliebenen Bratfett die Heidelbeeren kurz andünsten. Mit Salz und Pfeffer würzen.

4. Die Karotten in der Butter schwenken, das gehackte Karottengrün hinzufügen. Mit Salz, Pfeffer und Limettensaft abschmecken.

5. Das Fleisch in Scheiben schneiden und mit Karotten und Heidelbeeren servieren.

Kartoffel-Hähnchen-Spieße
mit Schinken und Salbei

500 g Hähnchenbrust,
in große Würfel geschnitten
8 Salbeiblätter, grob gehackt
3 Knoblauchzehen, fein gehackt
5 EL Olivenöl
500 g kleine Kartoffeln, geschält
Salz | Pfeffer aus der Mühle
1 EL mildes Paprikapulver
8 Scheiben Serrano-Schinken
oder anderer Rohschinken, halbiert

**Zubereitungszeit: 30 Minuten
(ohne Grill- und Kühlzeit)**

1. Die Fleischwürfel mit Salbei, Knoblauch und 3 EL Öl vermischen und 30 Minuten kalt stellen.

2. Die Kartoffeln in kochendem Salzwasser 15 Minuten garen. Abgießen, mit 2 EL Öl, Salz, Pfeffer und Paprika würzen. Abkühlen lassen.

3. Holzspieße wässern. Kartoffeln, Schinken und Fleischwürfel abwechselnd daraufstecken. Auf dem Grill etwa 6–8 Minuten rundherum grillen.

Dazu passt Rucola- oder Wildkräuterpesto (siehe Seite 99 und 19) und Baguette.

Steak-Sandwich
mit Himbeer-Chutney und Rucola

Himbeer-Chutney
1 EL Distelöl
2 Zwiebeln, fein gewürfelt
1 TL gemahlener Kreuzkümmel (Cumin)
30 g frische Ingwerwurzel, fein gerieben
250 g Himbeeren
50 g getrocknete Cranberrys
30 ml Himbeeressig
50 g Zucker
Salz | Pfeffer aus der Mühle

Rucolapesto
100 g Rucola, gewaschen, trocken geschleudert
10 EL Olivenöl
1 EL Pinienkerne
80 g Parmesan, gerieben
2 Knoblauchzehen, gehackt
Meersalz

3 EL Distelöl
4 Rindersteaks (je 100 g)
1 EL grob gehackter bunter Pfeffer
4 Sandwich-Brötchen
100 g Rucola, gewaschen, grob gehackt

Zubereitungszeit: 30 Minuten

1. Für das Himbeer-Chutney das Öl erhitzen, Zwiebeln und Kreuzkümmel andünsten. Ingwer, Himbeeren und Cranberrys einrühren, dann Essig, Zucker, Salz und Pfeffer hinzufügen und alles unter wiederholtem Rühren 10 Minuten köcheln lassen.

2. Alle Zutaten zum Pesto fein pürieren.

3. Das Öl in einer beschichteten Pfanne erhitzen. Die Steaks pfeffern und im heißen Öl bei starker Hitze von jeder Seite 3 Minuten braten.

4. Die Sandwichbrötchen aufschneiden, mit Rucolapesto bestreichen. Die Steaks, den gehackten Rucola und das Himbeer-Chutney hinzufügen.

Tipp: Restliches Pesto hält sich, am besten mit einer dünnen Schicht Öl bedeckt und luftdicht verschlossen, im Kühlschrank etwa zwei Wochen.

Hähnchenstreifen in Currymarinade mit Tomaten-Ananas-Ketchup

Hähnchenstreifen in Currymarinade mit Tomaten-Ananas-Ketchup

100 ml Sesamöl
30 g frische Ingwerwurzel, geschält, fein gerieben
1 EL Currypulver
1 EL Kurkumapulver
1 EL Fünf-Gewürze-Pulver
500 g Hähnchenbrust, in lange, dünne Streifen geschnitten

Tomaten-Ananas-Ketchup

1½ kg Tomaten
2 EL Sesamöl
2 Zwiebeln, fein gewürfelt
3 Knoblauchzehen, fein gehackt
350 g fein gewürfeltes Ananasfruchtfleisch
150 ml Gemüsebrühe
80 ml Weißweinessig
100 ml Pfefferminzsirup
1 TL Senfsaat
1 EL Currypulver
Salz | bunter Pfeffer aus der Mühle

Zubereitungszeit: 1 Stunde (ohne Kühl- und Marinierzeit)

1. Für die Marinade das Öl mit Ingwer, Curry, Kurkuma und Fünf-Gewürze-Pulver gut verrühren. Die Fleischstreifen mit der Marinade mischen und mindestens 3 Stunden kühl stellen.

2. In der Zwischenzeit die Haut der Tomaten einritzen, kurz in kochendes Wasser tauchen, dann sofort kalt abschrecken. Die Haut abziehen und die Tomaten fein würfeln.

3. Das Öl in einem Topf erhitzen, Zwiebeln und Knoblauch andünsten. Tomaten und Ananas hinzufügen. Mit Gemüsebrühe, Essig und Pfefferminzsirup aufkochen. Mit Senfsaat, Curry, Salz und Pfeffer würzen. Zugedeckt bei milder Hitze 45 Minuten köcheln lassen, dabei regelmäßig umrühren. Abkühlen lassen.

4. Holzspieße wässern. Das Fleisch aus der Marinade nehmen, auf die Holzspieße stecken und auf einem heißen Grill oder in einer Grillpfanne auf dem Herd von jeder Seite 3 Minuten grillen. Mit dem Ketchup servieren.

Tipp: Restliches Ketchup in eine Glasflasche füllen. Es ist mindestens 4 Wochen haltbar und passt auch gut zu einer Käseplatte.

In Beifuß gebratene Hähnchenbrust mit Tomaten-Spinat-Gemüse

4 Hähnchenbrüste (je 150 g),
in Scheiben geschnitten
1 Zweig Beifuß, fein gehackt
6 EL Kürbiskernöl
2 Knoblauchzehen, fein gehackt
Salz | Pfeffer aus der Mühle
3 EL Olivenöl
400 g Kirschtomaten, geviertelt
350 g junger Spinat
1 Msp. frisch geriebene Muskatnuss

Zubereitungszeit: etwa 35 Minuten (ohne Marinierzeit)

1. Die Hälfte des Beifußes mit 3 EL Kürbiskernöl, Knoblauch, Salz und Pfeffer vermengen. Das Fleisch mit der Marinade mischen und 2 Stunden im Kühlschrank durchziehen lassen.

2. Das Olivenöl in einer Pfanne erhitzen. Das Fleisch aus der Marinade nehmen und darin anbraten.

3. In einer zweiten Pfanne 3 EL Kürbiskernöl erhitzen, Tomaten und Spinat 5 Minuten dünsten. Mit Salz, Pfeffer und Muskatnuss würzen. Das Gemüse mit dem Hähnchenfleisch servieren.

Dazu passt Ciabatta.

Lammrücken mit Rotweinbalsamico, Rucola und Kapuzinerkresse

Rotweinbalsamico
100 ml Rotwein
40 ml Rotweinessig
3 EL Honig
1 Msp. gemahlener Kardamom
1 Knoblauchzehe, fein gehackt
1 Msp. gemahlener Kreuzkümmel (Cumin)

600 g ausgelöster Lammrücken
Salz | schwarzer Pfeffer aus der Mühle
1 EL gemahlenes Paprikapulver
3 EL Olivenöl
200 g Rucolasalat, gewaschen
10 Kapuzinerkresseblüten

Zubereitungszeit: 35 Minuten

1. Rotwein, Essig, Honig, Kardamom, Knoblauch und Kreuzkümmel bei mittlerer Hitze 15 Minuten zu einer sirupartigen Konsistenz einkochen.

2. Das Lammfleisch mit Salz, Pfeffer und Paprika würzen. Das Öl in einer Pfanne erhitzen und das Fleisch von jeder Seite etwa 6 Minuten braten.

3. Rucola und Kapuzinerblüten auf Tellern verteilen. Das Fleisch in 1 cm breite Scheiben schneiden und mit dem Rotweinbalsamico anrichten.

In Kakao marinierter Lammrücken mit Mangold-Karotten-Gemüse und Schokoladensauce

600 g ausgelöster Lammrücken
1 TL Kakaopulver
2 Knoblauchzehen, gehackt
4 EL Olivenöl
30 ml Rum
100 ml Rotwein
2 TL Honig
Meersalz | schwarzer Pfeffer aus der Mühle

Mangold-Karotten-Gemüse
700 g Karotten, geschält, längs halbiert
500 g Mangold, gewaschen, mundgerecht geschnitten
2 EL Olivenöl
1 Msp. frisch geriebene Muskatnuss

Schokoladensauce
50 g Zartbitterkuvertüre, grob gehackt
150 ml Rotwein
30 g Crème fraîche

Zubereitungszeit: 40 Minuten (ohne Marinierzeit)

1. Für die Marinade Kakao, Knoblauch, Olivenöl, Rum, Rotwein, Honig, Salz und Pfeffer gut verrühren. Den Lammrücken in die Marinade legen und im Kühlschrank mindestens 3 Stunden marinieren.

2. Die Karotten in kochendem Salzwasser 6 Minuten garen. Abgießen. Dann Mangold und Karotten im heißen Olivenöl 5 Minuten schwenken. Mit etwas Meersalz, Pfeffer und Muskatnuss würzen.

3. Das Fleisch aus der Marinade nehmen und in einer heißen Grillpfanne von jeder Seite 5 Minuten braten.

4. Die Kuvertüre mit Rotwein, Crème fraîche, Salz und Pfeffer aufkochen und glatt rühren.

5. Die Kuvertüre grob hacken. Kuvertüre, 150 ml Rotwein, Crème fraîche, Salz und Pfeffer aufkochen und verrühren.

6. Den Lammrücken aufschneiden, mit Meersalz bestreuen. Mit dem Gemüse und der Sauce servieren.

In Kakao marinierter Lammrücken mit Mangold-Karotten-Gemüse und Schokoladensauce

Gaumenschmeichler
SÜSSSPEISEN

Holunder-Buttermilchtörtchen mit Schokoflakes und kandierten Ringelblumenblüten

Aprikosen-Lemoncurd-Törtchen

« Holunder-Buttermilchtörtchen mit Schokoflakes und kandierten Ringelblumenblüten

1 Eiweiß
8 Ringelblumenblüten
60 g Zucker

80 g Zartbitterkuvertüre, grob zerkleinert
30 g Cornflakes
6 Blatt weiße Gelatine
600 ml Buttermilch
1 Päckchen Vanillezucker
1 unbehandelte Zitrone, abgeriebene Schale und Saft
50 ml Holunderblütensirup

Zubereitungszeit: 45 Minuten (ohne Trocken- und Kühlzeit)

1. Das Eiweiß mit einer Gabel aufschlagen. Die Blüten rundherum mit einem Pinsel mit dem Eiweiß bestreichen. In Zucker tauchen und auf ein Backblech legen. In der Sonne oder bei maximal 50 Grad im Backofen mindestens 5 Stunden trocknen lassen. Dunkel und kühl aufbewahren.

2. Die Kuvertüre in einer Edelstahlschüssel über einem heißen Wasserbad schmelzen. Die Cornflakes mit der flüssigen Schokolade vermischen. In 4 Förmchen (je 250 ml Inhalt) verteilen und erkalten lassen.

3. Die Gelatine in kaltem Wasser einweichen. Die Buttermilch mit Vanillezucker, Zitronensaft, Zitronenschale und Holunderblütensirup mit einem Schneebesen gut verrühren. Die Gelatine in einem Topf bei milder Hitze schmelzen und unter die Buttermilch rühren. Die Buttermilchmischung auf den Schokoflakes verteilen und mindestens 4 Stunden kühl stellen.

4. Die Förmchen kurz in warmes Wasser tauchen und stürzen. Mit den kandierten Blüten servieren.

‹ Aprikosen-Lemoncurd-Törtchen

Für 8 Törtchen

5 unbehandelte Limetten
1½ kg Aprikosen, entsteint
30 ml Holunderblütensirup
150 ml Weißwein
100 g Zucker
1 TL Vanillepulver
6 Eigelb
8 kleine fertige Tartaletteförmchen
(z.B. vom Bäcker)

Zubereitungszeit: 35 Minuten

1. Von einer Limette die Schale fein abreiben. Den Saft aller Limetten auspressen.

2. Die Aprikosen mit Holunderblütensirup und Weißwein 10 Minuten zugedeckt kochen. Mit dem Pürierstab fein pürieren. Durch ein Sieb streichen.

3. Das Aprikosenpüree mit Zucker, Limettensaft, Limettenschale und Vanille aufkochen. Die Eigelbe bei milder Hitze unter kräftigem Rühren daruntermengen. Sobald die Masse anzudicken beginnt, vom Herd ziehen.

4. Den Aprikosen-Lemoncurd in die Förmchen füllen und erkalten lassen.

Schokoladen-Tartelettes mit süßer Avocadocreme und Rhabarber

Schokoladenteig
150 g Mehl
10 g Kakaopulver
75 g Butter
1 Ei (Größe M)
1 Prise Salz

200 g Rhabarber, geschält, in feine Scheiben geschnitten
50 ml Holunderblütensirup
2 reife Avocados
3 EL Limettensaft
100 g Crème fraîche
1 TL Vanillepulver
1 EL Honig
30 g Mandeln, gehackt

Zubereitungszeit: 45 Minuten (ohne Kühlzeit)

1. Für den Schokoladenteig Mehl, Kakao, Butter, Ei, Salz und 2 TL kaltes Wasser mit den Knethaken des Handrührgeräts zu einem glatten Teig verarbeiten. In Frischhaltefolie wickeln und etwa 45 Minuten kalt stellen. Anschließend den Teig ausrollen und 4 Kreise von 12 cm Durchmesser ausstechen. 4 gefettete Muffinförmchen mit dem Teig auslegen. Den Rand oben etwas überstehen lassen, so dass der Teig nicht in die Form rutscht. Im vorgeheizten Backofen bei 200 Grad (Umluft 180 Grad) 15 Minuten backen. Herausnehmen und abkühlen lassen. Erst wenn sie abgekühlt sind, aus der Form lösen.

2. Den Rhabarber mit dem Holundersirup und 50 ml Wasser 1 Minute kochen. In der Flüssigkeit abkühlen lassen.

3. Die Avocados halbieren, entsteinen und das Fruchtfleisch mit einem Löffel herauslösen. Sofort mit Limettensaft vermischen. Mit Crème fraîche, Vanille und Honig fein pürieren.

4. Die Avocadocreme in die Schokoladenteigförmchen verteilen. Den Rhabarber abtropfen lassen und auf die Avocadocreme geben. Mit den gehackten Mandeln bestreuen.

‹ Schichtdessert mit Rhabarber, Schokolade und Brot

100 g Rhabarber,
geschält, in dünne Scheiben geschnitten
20 g frische Ingwerwurzel,
geschält, fein gerieben
4 EL Honig
80 g Zartbitterschokolade
50 ml Schlagsahne
1 Msp. gemahlener Kardamom
350 g Vollmilchjoghurt
1 TL Vanillepulver
150 g Schwarzbrot ohne Rinde, fein gewürfelt

Zubereitungszeit: 25 Minuten

1. Den Rhabarber in kochendem Wasser etwa 1 Minute kochen, abgießen und kalt abschrecken. Mit dem Ingwer und 1 EL Honig vermischen.

2. Die Schokolade mit Sahne und Kardamom in einem Topf bei milder Hitze schmelzen. Abkühlen lassen.

3. Den Joghurt mit 3 EL Honig und Vanillepulver verrühren.

4. Rhabarber, Schwarzbrot, Schokolade und Joghurt abwechselnd in Gläser schichten.

Basilikum-Pannacotta mit Johannisbeeren ›

4 Blatt Gelatine
350 ml Schlagsahne
40 g Zucker
1 unbehandelte Zitrone, abgeriebene Schale
2 Päckchen Vanillezucker
100 g Basilikum

150 g Johannisbeeren, entstielt

Zubereitungszeit: 45 Minuten (ohne Kühlzeit)

1. Die Gelatine einweichen. Sahne, Zucker, Zitronenschale und 1 Päckchen Vanillezucker aufkochen. Die Hälfte des Basilikums hinein geben und etwa 20 Minuten ziehen lassen. Durch ein Sieb abgießen. Die Gelatine gut ausdrücken und in der noch warmen Masse auflösen, etwas abkühlen lassen.

2. Den restlichen Basilikum grob zerkleinern, zur Sahnemischung geben und mit dem Pürierstab fein pürieren. In 4 Gläser füllen und mindestens 5 Stunden kalt stellen.

3. Die Johannisbeeren mit 1 Päckchen Vanillezucker vermischen und auf der Pannacotta verteilen.

Karamellisierte Pfirsiche mit Lavendelcreme

200 ml Milch
30 g Lavendelhonig
3 Zweige Lavendel
200 g Crème fraîche
2 cl Pfirsichlikör
8 Weinbergpfirsiche, gewaschen
50 g Zucker
30 g Butter

**Zubereitungszeit: 30 Minuten
(ohne Kühlzeit)**

1. Die Milch mit Honig und den Lavendelzweigen aufkochen. Im Kühlschrank erkalten lassen. Die Lavendelmilch durch ein Sieb gießen. Mit Crème fraîche und Likör verrühren.

2. Die Haut der Pfirsiche einritzen. Den Zucker in einer beschichteten Pfanne erhitzen und karamellisieren. Die Butter hinzufügen und die Pfirsiche von jeder Seite 2 Minuten braten. Herausnehmen und mit der Lavendelcreme servieren.

Basilikum-Pannacotta mit Johannisbeeren

Hitzefrei
EISKALTES

Erdbeer-Basilikum-Drink

<< Erdbeer-Basilikumdrink

400 g Erdbeeren
8 cl Wodka
100 ml Mineralwasser
4–5 EL Zitronensaft
15 Eiswürfel
20 Blätter Basilikum, grob gehackt
4 EL Honig

Zubereitungszeit: 10 Minuten

Alle Zutaten in einem hohen Gefäß mit dem Pürierstab fein pürieren. In gekühlte Gläser füllen.

‹ Himbeersorbet

450 g Himbeeren, tiefgekühlt
100 ml Agavendicksaft
3 cl Grappa
1 EL Ingwerpulver
100 ml Prosecco

Zubereitungszeit: 10 Minuten

Die Himbeeren mit Agavendicksaft, Grappa, Ingwerpulver und Prosecco in ein hohes Gefäß geben. Mit dem Pürierstab fein pürieren. Sofort eiskalt genießen.

‹ Brombeersorbet

400 g Brombeeren, tiefgekühlt
100 g Akazienhonig
100 ml Sekt
1 TL Vanillepulver

Zubereitungszeit: 10 Minuten

Die Brombeeren mit Honig, Sekt und Vanille in ein hohes Gefäß geben. Mit dem Pürierstab fein pürieren. Sofort eiskalt genießen.

‹ Orangen-Sanddorn-Sorbet

400 ml Orangensaft
80 ml Sanddornsirup
4 cl Sanddornlikör

**Zubereitungszeit: 15 Minuten
(plus 5 Stunden Kühlzeit)**

Orangensaft, Sanddornsirup und Sanddornlikör verrühren. Im Tiefkühler mindestens 5 Stunden gefrieren, dabei etwa alle 30 Minuten durchrühren. Kurz vor Ende der Gefrierzeit das Sorbet mit dem Pürierstab aufmixen.

Erdbeer-Melonen-Cocktail in der Melonenschale

‹ Erdbeer-Melonen-Cocktail in der Melonenschale

2 Cantaloup-Melonen
400 g Erdbeeren, geputzt, geviertelt
100 ml Vanillelikör
3 EL Honig
Eiswürfel
1 Flasche trockener Sekt

Zubereitungszeit: 20 Minuten

1. Von den Melonen jeweils einen Deckel abschneiden. Das Fruchtfleisch mit Hilfe eines Löffels herauslösen, die Kerne entfernen. Das Melonenfleisch in Würfel schneiden. Die Melonenwürfel und die Erdbeeren mit Vanillelikör und Honig marinieren.

2. Mit einer Handvoll Eiswürfel mischen, in die Melonenschalen füllen und mit dem Sekt aufgießen. Mit Strohhalmen genießen.

Waldbeeren-Schokoladen-Eistorte ›

Ergibt 12 Stücke

1 fertiger Schokoladenbiskuitboden
(28 cm Durchmesser)
700 ml Vanilleeis
30 ml Vanillelikör
100 ml Schlagsahne
350 g gemischte Waldbeeren (Himbeeren, Johannisbeeren, Heidelbeeren), gewaschen

**Zubereitungszeit: 30 Minuten
(ohne Gefrierzeit)**

1. Den Biskuitboden in einen Tortenring auf eine Tortenplatte legen.

2. Eis, Likör und Sahne mit den Knethaken des Handrührgeräts gründlich durchrühren, dabei nicht zu warm werden lassen. Die Beeren unter die Eismasse mischen und auf dem Tortenboden verteilen.

3. Im Gefrierfach etwa 2 Stunden gefrieren lassen. Dann in Stücke schneiden und eiskalt genießen.

Basilikumeis

100 g Zucker
6 Eigelb
300 ml Schlagsahne
100 g Crème fraîche
100 g Basilikum, Blätter abgezupft
3 EL Holunderblütensirup

**Zubereitungszeit: 45 Minuten
(plus Gefrierzeit)**

1. Zucker und Eigelbe mit den Schneebesen des Handrührgeräts schaumig schlagen. Die Sahne erwärmen. Den Eischaum mit einem Schneebesen unter die Sahne rühren. Dann bei milder Hitze zu einer dicklichen Masse rühren (wenn die Masse zu heiß wird, gerinnt das Eigelb). Durch ein Sieb streichen und abkühlen lassen.

2. Crème fraîche und Basilikum fein pürieren.

3. Basilikumcreme und Holunderblütensirup unter die abgekühlte Eicreme rühren und im Tiefkühler 4 Stunden gefrieren. Dabei gelegentlich umrühren.

Rosenwasser

Für 1 Liter

6 ungespritzte Rosenblüten
(aus biologischem Anbau)
1 l Wasser, kalt
15 Eiswürfel

Zubereitungszeit: 10 Minuten

Die Rosenblütenblätter abzupfen. Mit dem kalten Wasser in einen Krug oder in eine Flasche füllen und über Nacht kühl stehen lassen. Mit Eiswürfeln servieren.

< Heidelbeer-Wegwarten-Smoothie

400 g Heidelbeeren
750 ml Buttermilch
4 EL Akazienhonig
30 g Ingwer, fein gerieben
10–15 Wegwartenblüten, abgezupft

**Zubereitungszeit: 15 Minuten
(ohne Gefrierzeit)**

1. Die Heidelbeeren 30 Minuten tiefkühlen.

2. Die Buttermilch mit Heidelbeeren, Akazienhonig, Ingwer und den Wegwartenblüten in ein hohes Gefäß geben und mit dem Pürierstab oder im Mixer fein pürieren. In Gläser füllen und sofort genießen.

Melonensorbet auf Camparigelee

Camparigelee
100 ml Campari
30 ml Pfefferminzsirup
150 ml Kirschsaft
2 EL Agar Agar

80 g Zucker
1 Limette, abgeriebene Schale und Saft
600 g Melonenfruchtfleisch,
entkernt, geschält, gewürfelt
20 g Ingwer, gerieben

**Zubereitungszeit: 30 Minuten
(ohne Kühl- und Gefrierzeit)**

1. Campari, Pfefferminzsirup, Kirschsaft und Agar Agar aufkochen. In 4 Gläser füllen und mindestens 2 Stunden kalt stellen.

2. Den Zucker mit dem Limettensaft und 100 ml Wasser aufkochen. Melone, Ingwer, Limettenschale und das Zuckerwasser mit dem Pürierstab oder im Mixer fein pürieren. Im Gefrierfach 3 Stunden gefrieren, dabei gelegentlich umrühren.

3. Das gefrorene Eis auf dem Gelee in den Gläsern verteilen.

Eistrifle mit roter Grütze und Keksbröseln

200 ml Johannisbeersaft
100 g Zucker
3 cl Rum
1 unbehandelte Zitrone, abgeriebene Schale und Saft
3 EL Stärkemehl
600 g gemischte Beeren (Johannisbeeren, Brombeeren, halbierte Erdbeeren), geputzt

100 g Cantuccini (italienische Mandelkekse)
200 ml Erdbeereis

Zubereitungszeit: 30 Minuten (ohne Gefrierzeit)

1. Den Johannisbeersaft mit Zucker, Rum, Zitronenschale und -saft aufkochen. Das Stärkemehl mit 4 EL kaltem Wasser gut verrühren. In den Saft einrühren und 2 Minuten bei mittlerer Hitze köcheln lassen. Die Beeren in die noch warme Flüssigkeit geben und die Mischung erkalten lassen.

2. Die Cantuccini grob zerbröseln.

3. Eis, rote Grütze und Keksbrösel abwechselnd in Gläser schichten und etwa 20 Minuten in den Tiefkühler stellen. Eiskalt genießen.

Dazu passt ein fruchtiger Weißwein.

Eis-Sandwiches mit Beeren und Limetteneis

< Eis-Sandwiches mit Beeren und Limetteneis

300 ml Vanilleeis
2 unbehandelte Limetten, abgeriebene Schale und Saft
100 g Brombeeren, gewaschen, abgetropft
100 g Himbeeren, gewaschen, abgetropft
8 Waffelkekse

Zubereitungszeit: 20 Minuten (ohne Gefrierzeit)

1. Das Vanilleeis mit Limettenschale und -saft gut vermischen. Brombeeren und Himbeeren vorsichtig darunterheben.

2. Die Eismasse auf 4 Waffelkekse verteilen, mit den restlichen Keksen bedecken und diese gut andrücken. Im Gefrierfach mindestens 2 Stunden gefrieren. Eiskalt servieren.

Hippenwaffel mit Limetteneis

Ergibt 4 Waffeln

Limetteneis
6 unbehandelte Limetten
400 ml Schlagsahne
300 g Zucker
2 Zweige Rosmarin, Nadeln abgezupft

Waffelteig
50 g Mehl (Type 405)
40 g Puderzucker, gesiebt
3 Eiweiß
50 g weiche Butter

Butter zum Ausbacken

Zubereitungszeit: 1 Stunde (ohne Kühl- und Gefrierzeit)

1. Die Schale von einer Limette fein abreiben, den Saft sämtlicher Limetten auspressen. Sahne, Limettensaft, Limettenschale, 200 g Zucker und Rosmarin aufkochen. Durch ein Sieb gießen und abkühlen lassen.

2. Im Gefrierfach gefrieren, dabei alle 30 Minuten mit einem Schneebesen durchrühren. Wenn das Eis eine feste Konsistenz hat, mit dem Pürierstab fein pürieren.

3. Für den Waffelteig Mehl, Puderzucker, Eiweiß und Butter mit den Schneebesen des Handrührgeräts zu einem glatten Teig verarbeiten.

4. In einer beschichteten Pfanne in etwas Butter nacheinander jeweils 2 EL Teig zu 4 dünnen Waffeln ausbacken. Herausnehmen und, bevor die Waffeln ausgekühlt sind, zu Tüten formen.

5. Das Eis aus dem Tiefkühler nehmen, mit dem Pürierstab aufmixen und in die Waffeln füllen.

Schnelles Waldbeerensorbet mit Minze

350 g gemischte Beeren (Himbeeren, Brombeeren, Heidelbeeren, Johannisbeeren), gewaschen, oder bereits tiefgekühlte Beeren
3 Zweige Minze, gehackt
40 ml Holunderblütensirup
1 EL Pfefferminzsirup
50 ml Weißwein

Zubereitungszeit: 15 Minuten (ohne Gefrierzeit)

1. Die Beeren über Nacht tiefkühlen.

2. Die gefrorenen Beeren mit Minze, Holunderblütensirup, Minzesirup und Weißwein mit dem Pürierstab oder im Mixer fein pürieren. Eiskalt servieren.

Duftendes Backwerk
TARTES, KUCHEN UND GEBÄCK

Johannisbeer-Rosmarin-Kuchen

‹ Kirschen-Clafoutis mit gerösteten Pistazien

Für 2 kleine oder
1 große Form von 1½ Liter Inhalt

600 g Kirschen, entsteint
4 cl Whisky
120 g Zucker
1 TL Zimt
100 g Pistazien
3 Eier (Größe M)
100 ml Milch
100 g Mehl
etwas Puderzucker zum Bestäuben

**Zubereitungszeit: 40 Minuten
(ohne Marinierzeit)**

1. Die Kirschen 30 Minuten im Whisky marinieren.

2. 50 g Zucker mit dem Zimt in einem Topf bei milder Hitze schmelzen. Die Pistazien hinzufügen und kurz umrühren, dann auf einer eingefetteten Alufolie verteilen und erkalten lassen.

3. Die Eier und den restlichen Zucker (70 g) mit den Schneebesen des Handrührgeräts schaumig schlagen. Milch und Mehl darunterrühren.

4. Die karamellisierten Pistazien grob hacken. Zusammen mit den Kirschen in die gefetteten kleinen Backformen oder die große Form verteilen, die Eimilch darüber verteilen.

5. Im vorgeheizten Backofen bei 180 Grad (Umluft 160 Grad) 20 Minuten backen. Herausnehmen und mit dem Puderzucker bestäubt noch warm servieren.

‹‹ Johannisbeer-Rosmarin-Kuchen

Für 1 Springform von 26 cm Durchmesser
Ergibt etwa 16 Portionsstücke

Mürbteig
250 g Mehl
125 g Butter
75 g Zucker
1 Prise Salz
2 Eigelb

4 Eiweiß
150 g Zucker
2 EL Stärkemehl
500 g Johannisbeeren, gewaschen, entstielt
3 Zweige Rosmarin, Nadeln fein gehackt

**Zubereitungszeit: 40 Minuten
(ohne Backzeit)**

1. Für den Mürbteig Mehl, Butter, Zucker, Salz und Eigelbe mit den Knethaken des Handrührgeräts zu einem glatten Teig verarbeiten.

2. Die Springform mit Backpapier auslegen und den Rand mit Butter fetten. Den Teig auf einer bemehlten Arbeitsfläche ausrollen. In die Backform geben und den Rand gut andrücken. Im Kühlschrank etwa 30 Minuten kühl stellen.

3. In der Zwischenzeit Eiweiß und Zucker mit den Schneebesen des Handrührgeräts schaumig-dick aufschlagen (etwa 10 Minuten). Stärke, Johannisbeeren und Rosmarin vorsichtig mit einem Teigschaber darunterheben. Die Masse in die Springform füllen.

4. Im vorgeheizten Backofen bei 180 Grad (Umluft 160 Grad) 45 Minuten backen.

Apfel-Mirabellen-Kuchen >

Für 1 Blech von 35 x 40 cm
Ergibt etwa 20 Portionsstücke

1 Würfel Hefe (42 g)
300 ml lauwarme Milch
160 g Zucker
100 g Butter
500 g Mehl
1 kg Äpfel
3 EL Zitronensaft
500 g Mirabellen
100 g gemahlene Haselnüsse
1 TL gemahlener Kardamom
Puderzucker zum Bestäuben

Zubereitungszeit: 45 Minuten
(ohne Backzeit)

1. Die Hefe zerbröckeln, mit 3 EL lauwarmer Milch und 10 g Zucker verrühren. 20 Minuten gehen lassen. Die Butter schmelzen. Mehl, Hefemischung, Milch, die Hälfte der Butter und 100 g Zucker mit den Knethaken des Handrührgeräts zu einem glatten Teig verarbeiten. Mit einem Tuch abgedeckt an einem warmen Ort etwa 35 Minuten auf das doppelte Volumen gehen lassen.

2. In der Zwischenzeit die Äpfel halbieren, entkernen und in dünne Spalten schneiden. Sofort mit dem Zitronensaft vermischen. Die Mirabellen halbieren, den Stein entfernen.

3. Den Teig nochmals durchkneten, auf einer bemehlten Arbeitsfläche ausrollen und auf ein mit Backpapier belegtes Blech legen.

4. Die Haselnüsse mit dem restlichen Zucker (50 g) und dem Kardamom mischen. Den Teig mit der restlichen Butter (50 g) bestreichen, die Haselnussmischung gleichmäßig darauf verstreuen. Mit Apfelspalten und Mirabellen belegen.

5. Im vorgeheizten Backofen bei 180 Grad (Umluft 160 Grad) auf der mittleren Schiene etwa 45 Minuten backen. Abkühlen lassen und mit Puderzucker bestäuben.

Aprikosen-Tarte-Tatin

Für 1 Backform von 26 cm Durchmesser
Ergibt etwa 6 Portionsstücke

3 Platten Blätterteig (je 75 g, insgesamt 225 g)
20 g flüssige Butter für die Form
100 g Zucker
1 Vanillestange, Mark ausgekratzt
800 g Aprikosen, halbiert, entsteint

Zubereitungszeit: 30 Minuten
(ohne Backzeit)

1. Die Blätterteigplatten auf einer bemehlten Arbeitsfläche ausbreiten und, falls tiefgekühlt, auftauen lassen.

2. Die Backform mit Butter ausstreichen. Den Zucker und das Vanillemark in einen Topf geben und leicht karamellisieren. Das Karamell in die ausgefettete Backform gießen. Die Aprikosenhälften in die Form einschichten.

3. Die Blätterteigplatten übereinanderlegen, etwa auf die Backformgröße ausrollen und einen Kreis von 26 cm Durchmesser ausschneiden. Den Teig auf die Aprikosen legen. Mehrmals mit einer Gabel einstechen.

4. Im vorgeheizten Backofen auf der zweituntersten Schiene bei 200 Grad (Umluft 180 Grad) etwa 25 Minuten backen. Die Tarte herausnehmen, stürzen und etwas abkühlen lassen.

Dazu passt Basilikumeis (siehe Seite 127).

Zitronensoufflés

Für 4 Souffléförmchen

2 Eier (Größe M)
1 Prise Salz
80 g Zucker
1 unbehandelte Zitrone, abgeriebene Schale und Saft
1 Päckchen Vanillezucker
250 g Sahnequark
80 g Hartweizengrieß
100 g Kokosflocken
100 ml Olivenöl
etwas Puderzucker zum Bestäuben
80 ml Heidelbeereis

Zubereitungszeit: 50 Minuten

1. Die Eier trennen. Das Eiweiß mit Salz und 30 g Zucker mit den Schneebesen des Handrührgeräts 5 Minuten schaumig schlagen. Die Eigelbe mit dem restlichen Zucker (50 g), Vanillezucker und Zitronenschale ebenfalls schaumig schlagen. Quark, Zitronensaft, Grieß und Kokosflocken daruntermischen. Den Eischnee mit einem Schneebesen vorsichtig darunterziehen.

2. Die Förmchen fetten und die Quarkmasse auf zwei Drittel der Höhe einfüllen. Im vorgeheizten Backofen bei 180 Grad (Gas Stufe 3, Umluft nicht geeignet) 25 Minuten backen.

3. Herausnehmen, etwas abkühlen lassen und mit Puderzucker bestäuben. Nach Belieben mit Heidelbeereis servieren.

‹ Heidelbeer-Tassenkuchen

Für 8 Tassen

250 g Butter
200 g Zucker
4 Eier (Größe M)
300 g Mehl (Type 405)
1 EL Backpulver
100 g gemahlene Mandeln
500 g Heidelbeeren
4 cl Grappa
Butter zum Fetten der Formen

Zubereitungszeit: 25 Minuten (ohne Backzeit)

1. Die Butter und den Zucker mit den Schneebesen des Handrührgeräts mindestens 5 Minuten schaumig schlagen. Die Eier einzeln darunterschlagen. Mehl, Backpulver und Mandeln mischen und unter die Buttermasse rühren. Die Heidelbeeren und den Grappa vorsichtig darunterziehen.

2. Die Tassen mit Butter fetten und den Teig auf zwei Drittel der Höhe einfüllen.

3. Im vorgeheizten Backofen bei 190 Grad (Umluft 170 Grad) 40 Minuten backen.

Diese kleinen, in der Tasse gebackenen Kuchen eignen sich gut zum Mitnehmen, zum Beispiel zu einem Picknick.

Pfannkuchentorte

Pfannkuchen
250 g Mehl
300 ml Milch
40 g Zucker
1 TL Vanillepulver
3 Eier (Größe M)
2 EL Bratöl

Belag
20 g Zucker
30 ml Holunderblütensirup
500 g Speisequark
250 g Schlagsahne, steif geschlagen
100 g gemahlene Mandeln
3–4 EL Limettensaft
1 kg gemischte Beeren
(je 250 g Heidelbeeren, halbierte Erdbeeren, Brombeeren und entstielte Johannisbeeren)

Zubereitungszeit: 1 Stunde (ohne Kühlzeit)

1. Für den Pfannkuchenteig Mehl, Milch, Zucker, Vanille und Eier mit einem Schneebesen verrühren. Aus dem Teig in einer Pfanne mit etwas Öl nacheinander 6–8 Pfannkuchen ausbacken.

2. Den Zucker in einem Topf bei milder Hitze karamellisieren. Mit 100 ml Wasser ablöschen und 3 Minuten kochen lassen. Den Karamellsirup mit Holundersirup, Quark, steif geschlagener Sahne, Mandeln und Limettensaft verrühren.

3. Abwechselnd Quarkcreme, Pfannkuchen und Beeren aufeinanderschichten. Etwa 1 Stunde kalt stellen und servieren.

Himbeer-Vanille-Tarte

Für 1 Kuchenform von 26 cm Durchmesser (am besten mit herausnehmbarem Boden oder Springform)

Mürbteig
125 g weiche Butter
250 g Mehl
1 Ei
70 g Puderzucker
30 g gemahlene Haselnüsse

450 ml Milch
30 g Zucker
2 Vanilleschoten, Mark ausgekratzt
50 g Speisestärke
3 Eigelb
500 g Himbeeren, gewaschen
Puderzucker zum Bestäuben

Zubereitungszeit: 1 Stunde
(ohne Kühl- und Backzeit)

1. Für den Mürbteig Butter, Mehl, Ei, Puderzucker und Haselnüsse mit den Knethaken des Handrührgeräts zu einem glatten Teig verarbeiten. In Frischhaltefolie gewickelt etwa 30 Minuten kalt stellen, dann den Teig auf bemehlter Arbeitsfläche ausrollen und die gefettete Kuchenform damit auslegen. Den Rand gut andrücken. Den Teig mit Backpapier belegen und mit Backlinsen beschweren. Im vorgeheizten Backofen bei 180 Grad (Umluft 160 Grad) 20 Minuten backen. Herausnehmen und auskühlen lassen, dann aus der Form heben.

2. In der Zwischenzeit Milch, Zucker, Vanilleschoten und -mark aufkochen. Die Stärke mit 3 EL kaltem Wasser gut verrühren, zur kochenden Milch geben und dabei kräftig rühren. Die Hitze reduzieren und bei milder Temperatur nach und nach die Eigelbe darunterziehen. Die Creme vom Herd nehmen, durch ein feines Sieb streichen und abkühlen lassen.

3. Die Vanillecreme auf dem ausgekühlten Teigboden verstreichen und abkühlen lassen. Die Himbeeren auf der Tarte verteilen. Mit Puderzucker bestäuben.

Wann wächst was?
SAISONKALENDER

WILDKRÄUTER

	Mai	Juni	Juli	August	September
Ackerminze			x	x	
Bärlauch	x	x			
Basilikum		x	x	x	x
Beifuß			x	x	x
Bohnenkraut			x	x	x
Borretsch		x	x	x	x
Brennnessel		x	x	x	x
Dill			x	x	
Dillblüten		x	x	x	x
Estragon		x	x		
Feldthymian	x	x	x	x	x
Frauenmantel	x	x	x	x	x
Gänseblümchen	x	x	x	x	x
Giersch	x	x	x	x	
Gundermann	x	x			
Hirtentäschel	x	x	x	x	
Kapuzinerkresse			x	x	x
Katzenminze	x	x	x	x	x
Mittlerer Klee	x	x			
Kresse	x	x	x	x	x
Lavendel			x	x	
Löwenzahn	x	x	x	x	x
Majoran	x	x	x	x	x
Wilder Majoran (Dost)			x	x	x
Pimpinelle		x	x	x	x
Ringelblume			x	x	x
Rosenblüten		x	x	x	x
Salbei		x	x	x	x
Sauerampfer		x	x	x	x
Schafgarbe		x	x	x	x
Schnittlauch	x	x	x	x	x
Spitzwegerich	x	x	x	x	x
Vogelmiere	x	x	x	x	x
Wegwarte		x	x	x	x
Wiesenschaumkraut	x	x			

BEEREN UND OBST

	Mai	Juni	Juli	August	September
Apfel				X	X
Aprikose			X	X	X
Birne				X	X
Brombeere				X	X
Erdbeere		X	X		
Heidelbeere		X	X	X	X
Himbeere		X	X	X	
Johannisbeere			X	X	
Mirabelle			X	X	
Pfirsich			X	X	X
Pflaume			X	X	X
Preiselbeere				X	X
Rhabarber		X	X	X	
Sauerkirsche			X	X	
Stachelbeere			X	X	
Süßkirsche		X	X	X	

GEMÜSE

	Mai	Juni	Juli	August	September
Artischocke				x	x
Aubergine	x	x	x	x	x
Avocado				x	x
Grüne Bohnen			x	x	x
Champignons	x	x	x	x	x
Eichblattsalat		x	x	x	x
Einlegegurken			x	x	x
Endiviensalat			x	x	x
Grüne Erbsen			x	x	x
Fenchel			x	x	x
Gurke			x	x	x
Karotten	x	x	x	x	x
Kopfsalat		x	x	x	x
Lauch (Porree)			x	x	x
Lollo rosso		x	x	x	x
Mangold		x	x	x	x
Paprika	x	x	x	x	x
Pfifferlinge		x	x	x	
Radicchio			x	x	x
Radieschen	x	x	x	x	x
Rettich			x	x	x
Römersalat		x	x	x	x
Junge Rote Bete (Rande)	x	x	x	x	
Rucola (Rauke)	x	x	x	x	x
Grüner und weißer Spargel	x	x			
Spinat	x	x		x	x
Teltower Rübchen	x	x			
Tomate		x	x	x	x
Zucchini			x	x	x
Zwiebel		x	x	x	x

VERZEICHNIS DER REZEPTE

Suppen und Salate

Karotten-Minze-Salat
mit Schafskäse und Falafel | 18
Kartoffelsalat, getrüffelter, mit Löwenzahn | 15
Löwenzahn-Champignon-Salat
mit Balsamico-Creme | 24
Pulpo-Zitronen-Salat mit Wildkräuterpesto | 19
Römersalat mit Kapuzinerkresseblüten,
Schafskäse, Heidelbeeren und Aprikosen | 26
Rote-Bete-Gazpacho mit Gurke | 27
Sauerampfersalat
mit Erdbeeren und Ricottabällchen | 15
Tomaten-Ingwer-Brotsalat | 27
Tomatensuppe, kalte,
mit Mozzarella, Basilikum und Zitrone | 24
Wassermelonen-Gurken-Salat
mit geeistem Ziegenkäse und Minzeblüten | 31

Kleine Vorspeisen

Forellencreme, schnelle, mit Kapuzinerkresse
auf Schwarzbrot | 36
Gurken-Tomaten-Terrine | 37
Kapuzinerkresseröllchen | 36
Karotten-Himbeer-Schichtcreme
mit Pistazien-Sauerampfer-Pesto | 47
Melonen-Gurken-Tzatziki | 43
Mozzarella mit Pfirsich und Spinat
an Vanilledressing | 42
Mozzarella mit Ringelblumen
und Ringelblumenblättern | 42
Schwarzbrot-Terrine mit Johannisbeeren
und Kräuter-Ziegenkäse | 47
Ziegenkäse im Speckmantel mit Zwetschgenmus
und gebratenen Zwetschgen | 43

Kräuter und Gemüse

Artischocken, gebraten, mit karamellisierten
Tomaten und Polentasoufflé | 66
Brennnesselspaghetti
mit Parmesan und Mandeln | 51
Brotteigtaschen
mit Mangold, Chorizo und Mozzarella | 63
Buchweizencrêpes
mit Pfifferlingen, Tomaten und Parmesan | 51
Gemüsesalat, mediterraner | 65
Paprikapizza
mit Ziegenfrischkäse und Thymian | 65
Ravioli mit Paprika-Rucola-Füllung | 56
Schmorgurken-Tomaten-Gemüse
mit Kartoffelpüree | 62
Sommergemüse, mariniert,
mit gebackenen Sardinen und Salbei | 57
Zucchini und Tomaten auf Rosmarinspießen
mit Safran-Aïoli | 63
Zucchiniblüten, gefüllt, mit Blüten-Aïoli | 62

Fischgerichte

Fisch, in Borretsch-Zitronenöl mariniert,
mit Gurkengemüse | 80
Fisch-Reis-Pfanne | 70
Jakobsmuscheln, gebratene,
mit getrüffeltem Kartoffelpüree | 76
Lachsforellenfilet
mit Minzbohnen und Bratkartoffelwürfeln | 70
Lachssteak, gegrillt, mit Kirsch-Aïoli | 81
Muscheln in Cidre
mit Knoblauch und Pfirsichwürfeln | 76
Seelachs im Mangold-Brot-Mantel
mit Rhabarbervinaigrette | 82
Seelachsfilet mit Ringelblumen-Gurken-Salat | 79
Zanderfilet mit Pinienkernen,
Tomatengemüse und Estragon | 77

Fleischgerichte

Hähnchenbrust, in Beifuß gebraten,
mit Tomaten-Spinat-Gemüse | 102
Hähnchenbrust mit Pfirsichsenf, Spinat
und gebratenen Pfirsichen | 92
Hähnchenstreifen in Currymarinade
mit Tomaten-Ananas-Ketchup | 101
Kartoffel-Hähnchen-Spieße
mit Schinken und Salbei | 98
Lammfilets, gegrillt,
mit Wildkräuter-Zucchini-Salat | 93
Lammrücken mit Rotweinbalsamico,
Rucola und Kapuzinerkresse | 103
Lammrücken, in Kakao mariniert, mit Mangold-
Karotten-Gemüse und Schokoladensauce | 104
Rotwein-Chili-Marinade | 92
Rumpsteak mit Karotten und Heidelbeeren | 98
Rumpsteak mit Rosen-Bulgur
und Balsamico-Creme | 86
Schweinefilet mit Pfifferlings-Aprikosen-Ragout
und frischer Minze | 86
Steak-Sandwich
mit Himbeer-Chutney und Rucola | 99

Süßspeisen

Aprikosen-Lemoncurd-Törtchen | 110
Basilikum-Pannacotta mit Johannisbeeren | 114
Holunder-Buttermilchtörtchen mit Schokoflakes
und kandierten Ringelblumenblüten | 110
Pfirsiche, karamellisiert, mit Lavendelcreme | 115
Schichtdessert mit Rhabarber,
Schokolade und Brot | 114
Schokoladen-Tartelettes
mit süßer Avocadocreme und Rhabarber | 111

Eiskaltes

Basilikumeis | 127
Brombeersorbet | 123
Eis-Sandwiches mit Beeren und Limetteneis | 138
Eistrifle mit roter Grütze und Keksbröseln | 135
Erdbeer-Basilikum-Drink | 122
Erdbeer-Melonen-Cocktail
in der Melonenschale | 126
Heidelbeer-Wegwarten-Smoothie | 133
Himbeersorbet | 123
Hippenwaffel mit Limetteneis | 138
Melonensorbet auf Camparigelee | 134
Orangen-Sanddorn-Sorbet | 123
Rosenwasser | 133
Waldbeeren-Schokoladen-Eistorte | 126
Waldbeerensorbet mit Minze | 139

Backrezepte

Apfel-Mirabellen-Kuchen | 145
Aprikosen-Tarte-Tatin | 149
Heidelbeer-Tassenkuchen | 152
Himbeer-Vanille-Tarte | 153
Johannisbeer-Rosmarin-Kuchen | 144
Kirschen-Clafoutis mit gerösteten Pistazien | 144
Pfannkuchentorte | 152
Zitronensoufflés | 149

Vielen Dank an mein »Nachkochteam«
Stella Freiling
Gundel Simon-Errn
Marie Luise Bonitz
Pia Walcher
Phillip Alexander Baum